中国特色学徒制试点
学徒岗位教材

网店运营学徒岗位手册

郑海燕　杜艳艳　主　编

中国农业大学出版社
·北京·

内容简介

本书为新疆农业职业技术学院中国特色学徒制试点学徒岗位教材。本书以企业网店运营岗位典型工作任务为主线，分为步入企业、认识岗位、学徒工作任务 3 个部分，主要讲述网店运营岗位工作涉及的专业知识、基本技能，以网店运营岗位网络调研、数据选品、视觉优化、日常管理、客户服务等工作项目为主线，每项任务对应专业知识准备和学徒工作任务两个模块，让学徒对网店运营岗位需要掌握的基本知识和技能进行有效整合，在“做中学、学中做”。

本书既适合作为高职院校电子商务相关专业的学徒岗位课程教材，也适合作为企业网店运营人员的基础培训教材或参考读物。

图书在版编目(CIP)数据

网店运营学徒岗位手册 / 郑海燕，杜艳艳主编．--北京：中国农业大学出版社，2024．5
ISBN 978-7-5655-3199-6

Ⅰ．①网… Ⅱ．①郑… ②杜… Ⅲ．①网店－运营管理－岗位培训－手册 Ⅳ．①F713．365．2-62

中国国家版本馆 CIP 数据核字(2024)第 063609 号

书　　名　网店运营学徒岗位手册
Wangdian Yunying Xuetu Gangwei Shouce
作　　者　郑海燕　杜艳艳　主编

策划编辑　张　玉　　**责任编辑**　张　玉　刘艳君
封面设计　李尘工作室
出版发行　中国农业大学出版社
社　　址　北京市海淀区圆明园西路 2 号　　**邮政编码**　100193
电　　话　发行部 010-62733489，1190　　读者服务部 010-62732336
编辑部 010-62732617，2618　　出　版　部 010-62733440
网　　址　http://www.caupress.cn　　**E-mail**　cbsszs@cau.edu.cn
经　　销　新华书店
印　　刷　运河(唐山)印务有限公司
版　　次　2024 年 5 月第 1 版　　2024 年 5 月第 1 次印刷
规　　格　185 mm×260 mm　　16 开本　　13 印张　　316 千字
定　　价　39.00 元

编写人员

主　编　郑海燕　新疆农业职业技术学院

杜艳艳　新疆哎哟喂食品有限公司

副主编　王　琪　新疆农业职业技术学院

赵　丹　新疆农业职业技术学院

张译丹　新疆农业职业技术学院

参　编　屈靖攀　北京博导前程信息技术股份有限公司

高　原　新疆哎哟喂食品有限公司

马建军　新疆哎哟喂食品有限公司

牛泽鹏　新疆艺牛网络科技有限公司

前　言

党的二十大报告首次明确提出了"深化教育领域综合改革,加强教材建设和管理",体现了对教材建设的高度重视。职业教育教材是落实职业标准、课程教学标准的重要载体,对于培养具备实践能力的技术技能型人才起着重要的支撑作用。

《网店运营学徒岗位手册》是为电子商务相关专业网店运营岗位学徒或刚接触网店运营工作的人员编写的一本手册式教材,特点是实用性和操作性强。学生通过学习本门课程,可以掌握网店运营岗位的基本操作技能和技巧。

随着网店运营新要求和新工具的应用发展,教材的内容也需要不断创新,需要确定任务技能要求和产出,例如,学徒工作任务项目——使用不同平台的数据进行市场分析,充分发挥大数据决策、选品优势。本书以活页工作手册式形态呈现,更有利于学习者在实践情境中使用,强化典型工作任务操作的标准和流程,同时补充适当的专业知识,并融入思政元素,有利于巩固理论技能应用和拓展反思。

郑海燕负责本书的整体设计和统稿,杜艳艳负责提供案例。具体编写分工如下:

郑海燕编写第一部分步入企业入职培训专题。

王琪编写第二部分认识岗位入职培训专题。

郑海燕编写第三部分项目一、项目三、项目四,张译丹编写项目二及校稿,屈靖攀编写项目五,赵丹编写项目六及校稿,王琪编写项目七及校稿,牛泽鹏、高原、马建军提供修改意见。

本书在编写过程中，编者浏览了许多相关网站，借鉴、引用了相关网店运营的资料，参阅了有关专家、学者的论著，在此对作者表示感谢。本书还得到了北京博导前程信息技术股份有限公司崔炜炜、新疆农业职业技术学院徐航的指导、帮助。

编者在本书编写过程中虽然花费了大量的时间和精力，但由于水平有限，书中如有不足之处，恳请读者提出宝贵意见。

编　者

2023 年 11 月

目　录

The first part

The first part

第一部分

步入企业

The first part

The first part

入职培训专题 1

我国电子商务发展现状及趋势

一、电子商务认知

（一）电子商务概念

电子商务的概念于 1996 年被提出，不同企业及组织也给出了不同的解释，基本定义是以商务活动为主体，以计算机网络为基础，以电子化方式为手段，在法律许可范围内所进行的商务活动交易过程，可划分为广义和狭义的电子商务。

狭义上讲，电子商务（Electronic Commerce，EC），是指通过使用互联网等电子工具在全球范围内进行的商务贸易活动，强调利用互联网从事商务活动。

广义上讲，电子商务（Electronic Business，EB），是通过电子手段进行的商务活动。通过使用互联网等电子工具，使公司内部、供应商、客户和合作伙伴之间，利用电子业务共享信息，实现企业间业务流程的电子化，配合企业内部的电子化生产管理系统，提高企业的生产、库存、流通和资金等各个环节的效率。

（二）我国电子商务发展阶段

1. 萌芽期，1999 年之前

1993—1997 年，我国启动“三金工程”，为电子商务发展期打下坚实基础。1997 年，中国化工信息网正式在互联网上提供服务，开拓了网络化工的先河，1997 年 12 月，中国化工网英文版上线，成为国内第一家垂直 B2B 电子商务商业网站。

1999 年作为中国电商元年，中国电商进入了实质化商业阶段。

2. 发展期，2000—2009 年

在这段时期里，互联网电子商务快速发展，支撑电子商务发展的基础设施和政策在这期间得以发展。国家先后出台了一系列促进电子商务发展的重要措施，《国务院办公厅关于加快电子商务发展的若干意见》《电子商务发展“十一五”规划》等政策接连落地，从政策层面为电子商务发展指明了方向。国内电子商务经过一系列探索，产业生态逐步建立，形成较为系统的电子商务商业生态体系。

3. 创新发展期,2010 年至今

随着移动通信和互联网技术的不断发展,消费市场诞生出新的需求,新的技术与应用场景不断融合,初步形成了具有中国特色的网络交易方式,网民数量和物流快递行业都快速增长,电子商务企业竞争激烈,平台化局面初步成型。

（三）我国电子商务支撑体系

2005 年,《国务院办公厅关于加快电子商务发展的若干意见》(国办发〔2005〕2 号)发布,提出我国促进电子商务发展的系列举措。其中,提出加快建立我国电子商务支撑体系,主要包括五方面内容:信用、安全认证、标准、支付及现代物流体系。

(1)信用体系　国家为加快电子商务信用体系建设,商务部于 2016 年 3 月 23 日印发《2016 年电子商务和信息化工作要点》,推进电子商务立法和电商信用体系建设。2016 年 5 月 1 日起,实施《流通领域商品质量监督管理办法》,将网络销售纳入流通领域商品质量的监管范围。

国家还不断加大电子商务信用基础数据库建设力度,完善企业信用记录;开展电子商务信用评价指标、信用档案的推广应用;建立统一的信用评价和奖惩规则;监理部门信息共享和系统监督机制;建立面向第三方信用服务机构的信用信息采集、共享与使用机制。

(2)安全认证体系　商务部、工业和信息化部、国资委为规范电子商务运营,打造诚实守信的电子商务环境,构建中国电子商务认证中心(http://cncx.org.cn/),提供多元化、全方位的信用信息服务,形成信用评级、信用认证、信用投诉处理、信用预警和信用查询等全流程服务,同时为国内企业提供“国际立信”服务,快速树立国际诚信形象,提升市场竞争力与品牌美誉度。

(3)国家电子商务标准体系　电子商务标准分为基础技术标准、业务标准、支撑体系标准和监督管理标准四大类别。

(4)支付体系　随着在线支付、移动支付规模迅速增长,国家出台《非银行支付机构网络支付业务管理办法》《条码支付业务规范(试行)》等支付业务规范及一系列业务指导及安全要求,以保证用户支付安全。

(5)现代物流体系　2018 年国家部署推进物流枢纽布局建设,明确要多措并举发展“通道 + 枢纽 + 网络”的现代物流体系,降低了全社会物流总费用与国内生产总值比率,提高了经济运行效率,促进了物流行业高质量显著发展。

商务部、中物联等 8 单位公布 2022 年全国供应链创新与应用示范城市和示范企业名单,15 个示范城市和 106 家示范企业入选;国家物流枢纽建设名单扩围至 95 个;国家骨干冷链物流基地名单已达 41 个。

国家综合货运枢纽、多市联运示范工程、跨境电商海外仓、城郊大仓、农村县域物流网点等设施获得政策支持,物流网络建设取得长足进展。

（四）电子商务分类

按照交易对象,电子商务可以分为企业对企业的电子商务,企业对消费者的电子商务,消费者对消费者的电子商务,企业对政府的电子商务等。

企业对企业的电子商务(Business to Business,B2B),即企业与企业之间通过互联网进行产品、服务及信息的交换。通俗的说法是指进行电子商务交易的供需双方都是商家(或企业、公司),他们使用信息技术或各种商务网络平台,完成商务交易的过程。这些过程包括:发布供求信息，订货及确认订货，支付过程，票据的签发、传送和接收，确定配送方案并监控配送过程等。

企业对消费者的电子商务（Business to Customer，B2C），指商家对消费者的电子商务。常见的 B2C 电子商务平台有天猫商城、京东商城、苏宁易购、国美在线等。

消费者对消费者的电子商务（Consumer to Consumer，C2C），是指网上交易的双方均为个人的电子商务，卖方在 C2C 电子商务平台提供商品上网销售，买方自行选择商品进行购买。

企业对政府的电子商务（Business to Government，B2G），是企业与政府管理部门之间的电子商务，如政府采购，海关报税的平台，国税局和地税局报税的平台等。

线上到线下的电子商务（Online to Offline，O2O），可以理解为线上交易、线下体验，指线下的商务机会与互联网结合，让互联网成为线下交易的前台。O2O 模式的优势在于把线上和线下的优势结合，通过互联网与地面店的对接，实现互联网落地，让消费者在享受线上优惠价格的同时，又可享受线下同等的服务。

二、我国电子商务发展现状

我国的电子商务虽起步较晚，但发展迅速，伴随新技术和新需求的出现，我国电子商务业态模式持续创新，势头强劲。国家统计局数据显示，2021 年，全国电子商务交易额达 42.3 万亿元，全国网上零售额达 13.09 万亿元。根据商务大数据监测显示，2021 年，全国农村网络零售额达 2.05 万亿元，“数商兴农”深入推进，农村电商“新基建”不断完善。

第 50 次《中国互联网络发展状况统计报告》显示，截至 2022 年 6 月，中国网民规模为 10.51 亿人，互联网普及率达 74.4%。由于电子商务具有很大的发展前景，使得我国很多投资者投入到了电子商务的领域之中，这也使得电子商务之间的竞争日益激烈。见图 1-1-1。

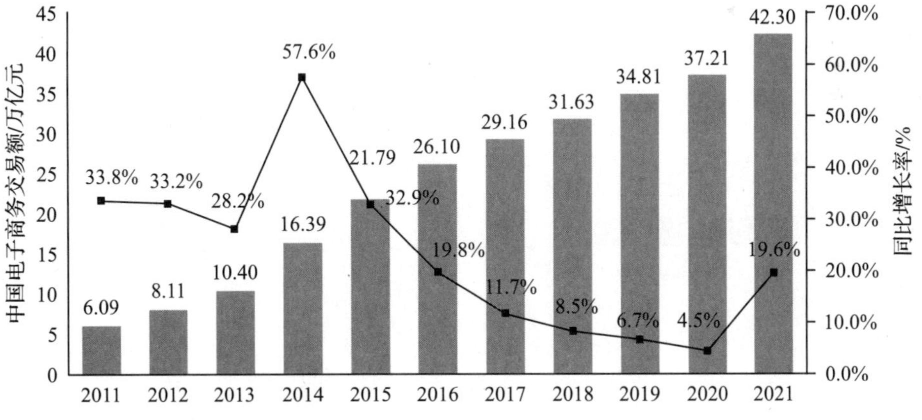

图 1-1-1　2011—2021 年中国电子商务交易额

图片来源：中国电子商务报告（2021）

三、电子商务发展趋势

1. 创新驱动，推动高质量电子商务产业发展

随着 5G、人工智能、AR、VR 等数字技术持续赋能，购物、旅游、医疗等多领域线上线下结合、协同创新，营造更加丰富的移动电子商务应用场景，不断地激发更多的消费需求。

移动电商的广泛应用将助力产业转型升级，带动生产制造智能化和商贸流通数字化、智能化发展，推动国内统一大市场建设。

2. 数商兴农，引领农村数字经济持续健康发展

商务部以《“十四五”电子商务发展规划》为主线，将在数字商务框架下持续推动实施“数商兴农”行动，培育农业农村产业新业态，推动农村电商与数字乡村衔接，发展服务农村的农村电商新基建，培育县域电子商务服务，打造服务农业的农产品网络品牌，进一步带动下沉市场提质扩容。

3. 绿色低碳，高效环保，走可持续发展之路

绿色发展是构建现代化经济体系的必然要求，是电子商务高质量发展的重要内容。电子商务领域将贯彻双碳目标，不断提升节能减排和集约发展水平。一方面，利用数字技术推动绿色产品销售和绿色品牌建设。另一方面，商业模式创新助力电商物流企业绿色发展，引导电商物流企业在“双碳”目标下通过技术模式创新加快绿色低碳转型步伐。

入职培训专题 2

认知电子商务企业

一、电子商务企业概念

电子商务企业是指使用电子商务方式运营的企业，即企业通过互联网交易的电子支付平台，能够突破时间与空间的限制，通过互联网的技术手段实现商业变现。

二、电子商务企业分类

根据商务部发布的《电子商务示范企业创建规范》，将电子商务企业分为七类。

1. 网络零售类

面向境内终端消费者，通过互联网或移动通信网络开展服装、家电、食品、家居建材、日用百货、图书音像、通信数码、航旅客票等领域零售业务的企业。包括四个子类型：

(1) 传统品牌网络零售企业：具有生产制造或设计能力，并销售自有传统品牌商品为主的企业。

(2) 网络品牌网络零售企业：具有生产制造或设计能力，并销售自有网络品牌商品为主的企业。

(3) 经销型网络零售企业：主要通过自建独立网站，从事商品销售的企业。

(4) 经销型网络店铺企业：主要通过在第三方电子商务平台开设店铺，从事商品销售的企业。

2. 网络批发类

面向企业通过互联网或移动通信网提供农产品、工业品和生产资料等批发服务的企业。包括两个子类型：

(1) 生产型网络批发企业：具有生产制造或设计能力，通过自建网站或在第三方平台开设店铺方式，以批发自有商品为主的企业。

(2) 贸易型网络批发企业：通过自建网站或在第三方电子商务平台开设店铺的方式，经营商品批发业务的企业。

3. 电商服务类

面向企业或消费者提供电子商务服务(含跨境电子商务服务)的企业,包括两个子类型:

(1)平台型电子商务服务企业:为企业或个人开展网络零售、网络批发或生活服务业务提供相关电子商务服务的企业。

(2)支撑型电子商务服务企业:面向企业或个体经营者提供网络商铺代理运营、营销推广服务、数据服务、信用服务、咨询服务、培训服务、电商物流服务、电商金融服务等支撑类电商服务的企业。

4. 生活服务类

网络化生活服务企业:通过第三方电子商务平台或自建网站,面向企业或个人消费者提供餐饮、住宿、休闲娱乐、家政服务等业务的商户类企业。

5. 跨境电商类

跨境电子商务在线交易企业:面向企业或个人消费者经营服装鞋帽、通信数码、汽车配件等商品零售业务,并能实现跨境在线交易的企业。

6. 综合类

综合型电子商务企业:面向企业或个人消费者,同时提供上述两种以上服务类型的综合型电子商务企业。

7. 创新类

创新型电子商务企业:面向企业、个人经营者或消费者提供互联网金融、远程教育、医疗、交通、娱乐等服务的创新型电子商务企业。

三、电子商务企业组织架构

组织架构是企业的流程运转、部门设置及职能规划等最基本的结构依据,传统企业中常见的组织架构形式有中央集权制、分权制、直线式以及矩阵式等 4 种形式,在电商业务中有扁平化趋势,以下图 1-2-1 是某大型电子商务企业组织机构图。

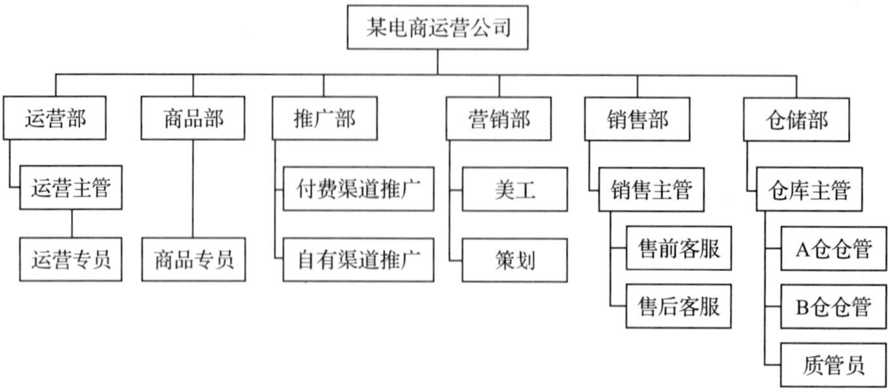

图 1-2-1　某大型电子商务企业组织机构图

四、电子商务企业文化

1. 塑造企业文化核心价值

企业选择什么样的核心价值是创造企业文化的首要问题。电子商务企业作为互联网内容的制造者、传播者，网络商业活动的参与者，在塑造企业文化时应注意坚定社会主义核心价值观，传播优秀文化；遵守国家法律法规，实事求是；从企业的每个员工开始，创造更加文明、和谐的网络商业生态。

2. 诚信守诺，安全第一

电子商务企业通过电子化手段及互联网为社会提供服务，同时沉淀了大量用户信息和操作的数据，电子商务企业有责任和义务保护用户数据安全，因此，电子商务企业文化中需要树立员工高度负责和诚信守诺的意识。

3. 持续创新，适应发展

电子商务企业需要站在时代的前沿，把握高新科技和商业模式发展的方向，把科技创新与文化创新融合起来，以适应不同地区、不同应用领域、不同场景和形式的发展。真正做到电子商务推动一二三产业融合发展，用新技术、新模式不断为产业赋能。

入职培训专题3

认知网店运营工作发展

一、网店运营认知

1. 网店运营认知

网店，又称网络店铺，是指在网上开设的店铺。网店作为电子商务的一种形式，能够让人们在浏览的同时进行实际购买，并且通过各种支付手段进行交易。

网店运营指的是基于网络店铺的运营工作。主要包括：市场调研，店铺开设，营销推广，资金流、物流、分销体系的建设与维护，会员营销，数据分析等工作内容。

2. 常见的网店类型

(1)按照网店开发和管理方式，主要分为自主建站网店和第三方网购平台网店。

自主建站网店，是指从设计开发平台、定期更新网页、安装与更新软件工具到网店运营等均由企业自己完成的网店。一般是企业的官方网站下开设的网店，内容可以根据自己的需求进行开发，有利于客户资料和销售数据的妥善保管，但开发与维护成本较高。

第三方网购平台网店，即企业依照第三方网购平台网店入驻规则和流程，进行入驻操作，在第三方平台上开设的网店。此类型网店不仅省去了企业建站维护的步骤，还可以共享第三方网购平台本身的流量，提高企业产品的知名度和销量。

(2)按照网店开设的资质，可以分为个人店铺和企业店铺。

二、网店运营工作发展

1. 网店运营渠道发展

第一阶段，2003年之前。网店主要是以独立商城的形式存在，例如，8848、当当网等。

第二阶段，2003—2009年。以个人店铺为主的平台型网店迅速发展。流量红利，给了众多网店商家快速成长的机遇。在此期间，网店赖以生存的网络零售生态逐步形成，网店资源迅速整合优化，优质的个人店铺和中小微企业店铺规模扩大、供应链趋于稳定、网店自主品牌开始萌芽。

第三阶段，2010—2015年。以企业店铺为主的平台型网店高速发展，跨境电商和移动电商崛起。随着网店数量的迅速增加，消费者的选择逐步回归理性，对产品品牌、质量和服务的有了更高的要求。

第四阶段，2016年之后。网店的流量红利增速放缓，消费者从单纯追求商品数据和功能转向更加追求生活品质和消费体验，需求端反向驱动供给端，实现柔性生产和个性化定制；传统电商平台与零售实体全场景加速融合，助推线下门店数字化改造，弥补线上体验短板；以消费者为中心的敏捷和柔性的智慧供应链体系开始崛起。

2. 网店运营商品发展

在网店运营过程中，把具有统一市场标准、有明确型号的规格化产品称为标品，通常标品市场不受季节因素影响，例如，图书、电脑、手机等。把没有明确统一市场标准的产品称为非标品。例如，服装、鞋子、特产等。

第一阶段，受生产和物流因素影响，网络零售初期网店主要销售图书、电子用品等低客单价标品，在此阶段网店运营经验基础上产生了“长尾理论”。

第二阶段，随着个人店铺的快速发展，网店销售品类拓展到衣帽鞋袜等低客单价非标品。

第三阶段，随着电子商务支撑体系的不断完善以及企业店铺的高速发展，家电、家居、农产品等高客单价或强快递需求的商品开始进入网络零售。

第四阶段，商品市场极大丰富，呈现出普通零售、个性化定制和服务等多元化商品形态。

3. 网店运营工作发展

第一阶段，网店享受流量红利，网店运营的重点工作是商品发布和优化排名。

第二阶段，随着进入市场的竞争者不断增多，网店需要在提升店铺视觉设计、客服和快递服务的同时，加大促销推广力度。

第三阶段，网络零售各品类市场供需逐步平稳，流量红利逐渐减弱，网店运营向精准营销方向发展，对店铺人群定位、选品、定价能力、供应链协作能力等都有更高的要求。

第四阶段，原有网店运营工作趋于成熟，直播、短视频和自媒体平台成为新的流量入口，网店运营与全媒体运营有机结合。

综上，网店运营重点工作不是一成不变的，其变化趋势与市场环境、消费者需求的变化以及新技术、新的应用场景、新的流量入口的产生存在很大关联，网店运营人员需要在基本工作模块中，按照市场环境和需求进行研究、调整，让店铺经营水平不断提升，同时为消费者提供更好的商品和服务。

三、网店运营工作人才需求

据网经社电子商务研究中心发布的2019—2021年度中国电子商务人才状况调查报告，网店运营工作人才需求及培养现状如下。

1. 网店运营人才仍然存在巨大缺口

据调查，企业对淘宝、天猫等传统运营人才的需求，2019—2021年分别为44%、51.02%和47.02%，由数据可知，企业对淘宝、天猫等传统运营人才需求量较大，且需求稳定。

2. 企业对网店运营人才的需求特点

据调查，2021年电商企业对员工的基本学历要求，中专水平占1.98%；大专水平占66.34%；

本科生水平占 10.89%；学历不重要，关键看能力占 20.79%。从调查数据来看，要求大专学历的企业比例还是最高，也和大多数电商企业要求的人才层次是匹配的。选择“学历不重要，关键看能力”的企业，主要还集中在基础岗位。

企业认为刚毕业的大学生学徒或实习生如果想快速成才，需具备的 15 项素质，其中最重要的 5 项素质：工作执行能力占 52.48%；持续学习能力占 66.34%；责任心和敬业度占 47.52%；困难与挫折承受力占 36.63%；专业知识和技能、解决问题的能力各占 32.67%。

其中，学习能力、执行能力和责任心敬业度排前三名，也说明了电商企业对刚毕业大学生学徒的核心要求。

3. 企业网店运营人才培养方式以“师带徒”方式为主

据调查，85% 的电商企业采用“老员工传帮带”的方式培训新人，这是电子商务实践性极强的行业特性决定的。

通常具有共性的知识和技能，可以采用统一培训的形式提升，但无法满足企业的需求，因此岗位技能还需要“企业师傅”通过岗位工作任务的“传帮带”形式进行培训，即“学徒制”人才培养模式，这是培养适应岗位需求的电子商务人才的重要手段。

第二部分

认识岗位

The second part

The second part

The second part

The second part

入职培训专题 1
认识网店运营岗位

一、网店岗位认知

1. 网店运营岗位层级（表 2-1-1）

表 2-1-1　网店运营岗位层级一览表

发展阶段	岗位层级	就业岗位	学历层次	发展年限	
		运营管理岗位		中职	高职
一级	——		高职	15 年以上	13 年以上
二级	总监级	电商总监	高职		8～13 年
		业务总监			
		区域经理			
三级	经理级	项目经理	高职	8～10 年	5～8 年
		片区经理			
		数据分析员			
四级	主管级	店铺运营主管、采购主管、业务主管	高职	4～5 年	2～4 年
五级	专员级	店铺运营专员、店铺运营助理、(商品管理、店铺管理、客户服务等)组长	高职	2～3 年	0～2 年
			中职		
六级	——		中职	1～2 年	

2. 网店主要岗位及工作内容(表 2-1-2)

表 2-1-2　网店主要岗位及工作内容

网店岗位	工作内容	主要对接人员
网店运营主管	电商渠道布局、战略方向,渠道秩序、政策规定;资源保障、运营决策;全面管理监督工作。	全体成员
网店运营专员	销售目标、运营方案制定,店铺视觉指导、页面布局、详情页优化,店铺流量分析、站内外营销活动策划、官方及第三方活动申报、活动全面跟踪,店铺核心数据监察、评估、调整。	网店运营助理、视觉设计、文案
网店运营助理	付费推广费用预算、流量预估,新品属性信息核对发布、SEO(搜索引擎优化),负责付费推广点击率、ROI(投资回报率)监察与评估,整理店铺数据报表、对接客服和仓储部门。	视觉设计、客服、仓储
视觉设计	店铺素材拍摄、处理,店铺界面排版、详情页设计处理,活动页、海报制作,主图、宣传图优化调整,短视频拍摄、剪辑、发布、优化。	电商经理、助理、文案
文案	产品卖点提炼,新品详情页文案、活动主题文案撰写,微信微博软文及其他推广文案撰写、宣传工作等,与运营专员、视觉设计共同完成短视频文案。	电商总经理、经理、视觉设计
客服	上架详情页的框架素材整理,校对仓库中商品信息,售前话术准备、在线解答顾客疑问、与仓储协调处理售后事宜,退款统计、提供热销滞销数据。	电商助理、文案、仓储
仓储	管理仓库进销盘点,货品物料储备安置,统计损耗数据、退货数据,仓储库存预警反应;订单发货时效内发出包裹;出售商品缺货及时与客服沟通处理。	电商助理、客服

3. 网店运营专员岗位工作内容（表 2-1-3）

表 2-1-3 网店运营专员岗位工作内容

<table>
<tr><th>序号</th><th colspan="3">工作内容</th><th>具体内容</th><th>时间分配和进度参考</th><th>备注</th></tr>
<tr><td rowspan="4">1</td><td rowspan="4">市场调研与分析</td><td rowspan="3">行业相关</td><td>电商资讯</td><td>查看与网店相关的站内外最新行业资讯，将大事进行记录、分析。</td><td>1～2 小时</td><td rowspan="4">每天必做</td></tr>
<tr><td>行业数据</td><td>全网热销产品 TOP20。</td><td>20 分钟</td></tr>
<tr><td>数据分析和整理</td><td>上升幅度最大 TOP10。</td><td>20 分钟</td></tr>
<tr><td>店铺分析</td><td>数据分析</td><td>店铺运营数据分析。</td><td>30 分钟</td></tr>
<tr><td rowspan="3">2</td><td rowspan="3">产品规划</td><td rowspan="2">产品线优化</td><td>产品规划</td><td>分析单品运营情况、挖掘新品，优化产品线。</td><td>—</td><td rowspan="3">按照商品推广计划更新</td></tr>
<tr><td>产品信息管理</td><td>及时更新产品信息库，跟踪、协调好库存实际数量。</td><td>—</td></tr>
<tr><td>供应商管理</td><td>供应商信息管理</td><td>供应商审查与洽谈，筛选优质供应商，更新供应商信息库。</td><td>—</td></tr>
<tr><td rowspan="7">3</td><td rowspan="7">视觉设计</td><td rowspan="7">店铺装修沟通</td><td rowspan="4">店铺图文</td><td>1. 确定商品定位与卖点。</td><td>—</td><td rowspan="7">按照商品推广计划更新</td></tr>
<tr><td>2. 与美工确定店铺图文效果需求。</td><td>—</td></tr>
<tr><td>3. 美工制作设计图预览、优化。</td><td>—</td></tr>
<tr><td>4. 图文确定，上传、检查。</td><td>—</td></tr>
<tr><td rowspan="3">店铺短视频</td><td>1. 短视频脚本撰写。</td><td>—</td></tr>
<tr><td>2. 短视频预览、优化。</td><td>—</td></tr>
<tr><td>3. 短视频上传、检查。</td><td>—</td></tr>
<tr><td rowspan="2">4</td><td rowspan="2">店铺管理</td><td rowspan="2">店铺基础</td><td>数据分析</td><td>店铺运营数据分析。</td><td>30 分钟</td><td rowspan="2">每天必做</td></tr>
<tr><td>交易管理</td><td>异常订单的处理、催单数据反馈给客服，提高催单率。</td><td>5～10 分钟</td></tr>
</table>

续表 2-1-3

序号	工作内容			具体内容	时间分配和进度参考	备注
4	店铺管理	店铺基础	客户管理	提醒监督客服做好发货留言，消费者满意度回访，做好老客户分类和营销。	10 分钟	每天必做
			分销管理	每天分销销量汇总，需要沟通、协调及时解决的问题。	15 分钟	
			重点关注	及时分析推广花费、营业额、PV（页面浏览量）、UV（独立访客）数据变化原因并做调整。	30 分钟	
			评价监督	查看每日负面评价的信息，做好记录，分析原因，对接客服及时回复，避免对单品后期销量造成不良影响，跟进纠纷处理。	25 分钟	
		仓库沟通	库存管理	每天定时更新库存表格，及时知晓库存的数量。	—	每天必做
			价格管理	对每款商品的成本价、损耗、以及库存的费用进行定期核算。	—	
			发货管理	漏发、错发、礼品赠送的及时处理，并记录督导。	—	每天必做
			赠品管理	及时采购促销赠品，并统计数量及成本。	—	
			退换货统计	统计每天退换货情况，定时形成数据表格，提出改进意见并落地实施。	—	
		工作总结	日常工作	按照日、周、月、季度、半年度、年度对日常工作要点、业绩成果、不足等方面进行总结。	15 分钟	定时讨论总结
			活动总结	活动总结（例如聚划算、试用中心等活动总结）。	30 分钟	

续表 2-1-3

<table>
<tr><th>序号</th><th colspan="3">工作内容</th><th>具体内容</th><th>时间分配和进度参考</th><th>备注</th></tr>
<tr><td rowspan="10">5</td><td rowspan="10">营销推广</td><td rowspan="2">网店 SEO</td><td>商品标题优化</td><td>爆款、日常款、潜力款商品的标题关键词挖掘、词库制作与标题优化。</td><td>1 小时</td><td>每周(爆款谨慎优化)</td></tr>
<tr><td>商品详情页优化</td><td>商品属性、文案、视频等优化。</td><td>1 小时</td><td>定期</td></tr>
<tr><td rowspan="8">付费推广</td><td>关键词竞价推广</td><td>站内数据分析,爆款、日常款、潜力款商品推广关键词选择、费用设置,创意标题编写,数据分析及优化。</td><td>40 分钟</td><td>按计划</td></tr>
<tr><td>站内其他工具推广</td><td>选择站内其他推广工具(例如淘宝平台的淘宝客、钻展等)。</td><td>1 小时</td><td>定期</td></tr>
<tr><td rowspan="5">站外推广</td><td>1. 人群定向与溢价设置。</td><td rowspan="5">30 分钟</td><td rowspan="5">每天必做</td></tr>
<tr><td>2. 推广策略选择(关键意见领袖推广、场景营销、短视频营销等)。</td></tr>
<tr><td>3. 推广计划建立,内容策划、制作(文案、短视频内容可多部门联合或外包完成)。</td></tr>
<tr><td>4. 推广渠道选择、内容发布。</td></tr>
<tr><td>5. 推广效果评价与优化。</td></tr>
<tr><td colspan="4" style="display:none"></td></tr>
<tr><td rowspan="3">6</td><td rowspan="3">客服管理</td><td rowspan="3">免费 SNS</td><td>SNS 平台营销</td><td>选择符合客户定位的 SNS 平台,进行营销策划、内容发布、反馈调整。</td><td>—</td><td rowspan="3">定期</td></tr>
<tr><td rowspan="2">老顾客营销</td><td>老客户意见收集。</td><td>—</td></tr>
<tr><td>大客户回访,物流意见,以及礼品的发送。</td><td>—</td></tr>
</table>

二、网店运营专员岗位职责(表 2-1-4)

表 2-1-4　网店运营专员岗位说明书

岗位名称	运营专员	工作职责	制订团队目标与计划,并协调各岗位完成目标。
职责与工作内容			
职责一	**制订本店季度目标,并且分层为月、周、日计划。**		
	1. 制订月销售目标,并制订月销售计划(计划落实到每周、每天并制订安排计划)。		
	2. 针对目标列出实施方案,落实到每周、每一个工作日。		
	3. 明确当月目标与计划实施过程中所遇到问题,提前做出对策(如货源、资金周转、其他硬件设施)。		
职责二	**负责网店整体规划、营销、推广、客户关系管理等系统经营性工作。**		
	1. 负责网店日常改版策划、上架、推广、销售、售后服务等经营与管理工作。		
	2. 负责网店日常维护,保证网店的正常运作,优化店铺及商品排名。		
	3. 负责执行与配合公司相关营销活动,策划店铺促销方案。		
	4. 负责收集市场和行业信息,提供有效应对方案。		
	5. 客户关系维护,处理相关客户投诉及纠纷问题。		
职责三	**负责管理整个店铺经营状态,协调和管理各岗位人员。**		
	1. 每天不定时观察店铺数据,关注推广费消耗,做出适当的调整与对策。		
	2. 对接客服部门,监督并指导客服工作行为,保证订单处理与售后问题解决的时效性和规范性。		
	3. 配合并指导视觉设计,优化店铺形象、广告图制作。		
职责四	**负责老客户关系维护,促进重复购买率增长。**		
	1. 建立老顾客群,营造良好的 SNS(社会性网络服务)环境。		
	2. 整理不同级别的老顾客,对不同级别的顾客做出相应的维护。		
	3. 整理和分析在客户关系处理中的问题和改善方法,提出有效意见反馈至客服部主管(可用会员关系管理软件以及表格)。		
	4. 针对店里贵宾顾客做不定期回访。		
	5. 逢营销活动或节日(生日)向老顾客发短信或电话祝贺或通知(可运用软件或让售前、售后完成)。		
	6. 定期统计老顾客同比增长数据,并做与调整与相应对策。		
附加职责	工作内容	视情况而定(如客服请假、客服下班等其他因素造成的人员短缺)。	
主管每个星期随机抽取若干客户进行考察打分,占 75%。月底客服进行自我鉴定,占 25%。			

三、网店运营专员岗位周工作计划

学徒可在师傅指导下完成岗位周工作计划（表 2-1-5）。

表 2-1-5　网店运营专员岗位周工作计划表

工作项目	工作内容	协助人	______年第____周电商工作计划							备注
			日期	日期	日期	日期	日期	日期	日期	
市场调研与分析										
产品规划										
视觉设计										
店铺管理										
营销推广										
客服管理										

入职培训专题 2
岗位业务能力要求和培养目标

一、专业知识目标

1. 熟悉电子商务法律法规、平台规则。
2. 了解网店调研分析方法。
3. 了解网店数据选品方法、采购供应商洽谈技巧。
4. 熟悉网店首页、主图及主图视频、详情页视觉设计、制作方法。
5. 了解网店运营数据指标概念、网店数据采集、分析方法及网店商品管理、订单处理、物流管理流程。
6. 了解电商平台活动参与条件与流程。
7. 熟悉客户服务、信息收集与管理的方法。
8. 了解网店运营主管岗位职责、工作规划方法、作业化管理重点。

二、职业能力目标

1. 能够完成网店调研与分析;完成网店定位分析与优化。
2. 能够根据电商运营场景进行选品;能够对选品进行质检和合规检查;能够进行简单的供应商沟通。
3. 能够分析店铺视觉风格定位;能够进行首页分析与优化;能够完成商品主图、详情页设计、制作、测试。
4. 能够完成日常店铺数据巡查、分析与处理;能够完成网店日常商品管理、订单处理、物流管理等操作。
5. 能够进行店铺客户分组,设置平台营销工具。
6. 能够根据客户需要进行售前、售中、售后服务;能根据商品问题的常见场景分析客户关心的商品问题。
7. 能够编写网店运营主管工作规划,对店铺进行作业化管理。

三、职业素质目标

（一）职业精神与品质

1. 具有诚实守信、认真严谨、团结协作、艰苦奋斗的品质。

2. 具有爱岗敬业、廉洁自律、客观公正的职业道德。

3. 具有较强的学习能力和创新能力。

（二）关键能力

1. 学习与创新能力：在已有知识、技能基础上，运用互联网信息与技术，能更新知识、技能体系。

2. 心理调适能力：面对环境压力，具备一定自我心理调节能力。

3. 社会交往能力：关注社会中与职业相关的经济热点，在项目推进中具有团队合作精神。

4. 信息分析和表达能力：关注信息动态，具备一定对信息的分析和逻辑表达能力。

入职培训专题 3

制订网店运营学徒培养计划

一、网店运营专员学徒工作计划(表 2-3-1)

表 2-3-1　网店运营专员学徒工作计划

工作任务	学习内容	工作内容	学习天数
网络调研与网店定位	1. 网络调研的含义及方法。 2. 常用分析方法:PEST、SWOT 等。 3. 市场容量、市场需求及竞争情况数据分析方法。 4. 调研报告撰写方法。	1. 能够完成网店初级和深度市场调研、形成调研分析报告。 2. 运用分析方法,确定网店定位。	4 天
网店数据选品	1. 商品、产品的含义。 2. 产品层次。 3. 产品生命周期。 4. 网店竞品分析步骤。 5. 供应商调查内容。 6. 采购谈判要点。 7. 编写产品简介要点及方法。	1. 能够运用大数据工具进行选品初筛。 2. 能够完成供应商检查和筛选。 3. 能够完善商品信息和简介。	3 天
网店视觉设计	1. 网店视觉设计基本概念。 2. 视觉设计中法律法规及平台规定内容。 3. 视觉配色、商品图片构图基础。 4. 网店首页布局。 5. 网店主图、主图视频上传要求。 6. 网店详情页设计要求。	1. 能够完成首页分析和优化。 2. 能够完成主图及主图视频设计、制作和测试。 3. 能够完成详情页设计、制作和测试。	10 天

续表 2-1-3

工作任务	学习内容	工作内容	学习天数
网店日常管理	1. 网店运营常用术语和定义。 2. 网店日常管理中法律法规及平台规定内容。 3. 常用电子商务平台数据工具。 4. 网店巡查项目及方法。 5. 网店商品管理、订单处理、物流管理等操作流程。 6. 网店数据分析项目及方法。	1. 完成每天店铺巡查。 2. 完成店铺日常商品管理、订单处理、物流管理等操作。 3. 定期进行运营数据分析及复盘。	10 天
营销活动管理	1. 店铺流量分析方法。 2. 客户分类方法。 3. 客户忠诚度分析。 4. 店铺营销工具设置操作流程。	1. 店铺流量分析。 2. 客户营销分组。 3. 网店营销工具设置。	4 天
客服培训与管理	1. 客户服务人员考核指标。 2. 客服话术类型及接待工具设置方法。 3. 售前、售后客服接待要点。 4. 评价处理方法。	1. 优化客服话术。 2. 定期更新接待工具设置。 3. 完成售前或售后客户服务接待。 4. 评价处理。	7 天
运营进阶技能	1. 工作分析的含义和方法。 2.《网店运营主管职务说明书》编制方法。 3.《网店运营主管工作规划》编制方法。 4.《网店运营主管作业化管理重点分析报告》编制方法。	1. 调研、分析网店运营主管工作职责及内容，编制《网店运营主管职务说明书》。 2. 梳理网店运营岗位工作，明确工作规划目标，编制《网店运营主管工作规划》。 3. 调研、分析岗位工作流程、内容、时间等，编制《网店运营主管作业化管理重点分析报告》。	7 天

二、学徒职业发展规划

电子商务企业员工个人职业生涯规划是一个过程，需要在实践中探索自我，不断调整职业规划。

1. 个人教育技能情况(表2-3-2)

表2-3-2　个人教育技能信息表

<table>
<tr><td rowspan="4">教育情况</td><td>时间</td><td colspan="2">学校</td><td colspan="2">主修课程</td></tr>
<tr><td></td><td colspan="2"></td><td colspan="2"></td></tr>
<tr><td></td><td colspan="2"></td><td colspan="2"></td></tr>
<tr><td></td><td colspan="2"></td><td colspan="2"></td></tr>
<tr><td rowspan="2">技能</td><td colspan="3">技能(职称)种类</td><td colspan="2">证书</td></tr>
<tr><td colspan="3"></td><td colspan="2"></td></tr>
<tr><td rowspan="2">培训情况</td><td colspan="2">培训主题</td><td>培训机构</td><td>培训时间</td><td>证书</td></tr>
<tr><td colspan="2"></td><td></td><td></td><td></td></tr>
</table>

2. 职业定位

通过自我分析，对自己的职业定位进行SWOT分析(表2-3-3)

表2-3-3　职业生涯规划职业定位表

<table>
<tr><td rowspan="2">内部环境因素</td><td>优势因素(S)</td><td>弱势因素(W)</td></tr>
<tr><td></td><td></td></tr>
<tr><td rowspan="2">外部环境因素</td><td>机会因素(O)</td><td>威胁因素(T)</td></tr>
<tr><td></td><td></td></tr>
</table>

3. 计划实施(表 2-3-4)

表 2-3-4 职业生涯规划计划实施一览表

名称	短期计划
时间跨度	
本期目标	
细分目标	
计划内容 (参考)	
策略和措施 (参考)	
备注	
名称	中期计划
本期目标	
细分目标	
计划内容 (参考)	
策略和措施 (参考)	
备注	
名称	长期计划
本期目标	
细分目标	
计划内容 (参考)	
策略和措施 (参考)	
备注	

4. 计划评估与反馈（表 2-3-5）

表 2-3-5　职业生涯规划生涯评估与反馈表

<table>
<tr><td rowspan="5">自我评估</td><td rowspan="2">测评</td><td>学习能力</td><td></td><td>身体状况</td><td></td></tr>
<tr><td>发展性
素质测评</td><td colspan="3"></td></tr>
<tr><td>获奖</td><td colspan="4"></td></tr>
<tr><td>自我规划
落实情况</td><td colspan="4"></td></tr>
<tr><td>经验与
教训</td><td colspan="4"></td></tr>
<tr><td colspan="2">同事评价
与建议</td><td colspan="4"></td></tr>
<tr><td colspan="2">部门领导评价
与建议</td><td colspan="4"></td></tr>
<tr><td colspan="2">职业目
标修正</td><td colspan="4"></td></tr>
<tr><td colspan="2">规划步骤、
途径及完
成标准修正</td><td colspan="4"></td></tr>
</table>

The third part

The third part

第三部分

学徒工作任务

The third part

The third part

据2022年度中国网络零售市场数据报告显示，会员制电商、直播电商、小程序电商等新电商形态正迅速兴起，并处于高速增长期，在运营思维和模式方面还有待探索。据2022年度中国电子商务人才状况调查报告显示，39.6%的企业急需淘宝、天猫等传统运营人才，因此，本教材主要针对以淘宝、天猫为代表的综合电商平台的电商运营岗位，聚焦学徒从入职、完成网店运营专业基础工作任务到孵化晋升网店运营主管的学习、实践过程。

项目一
网络调研与网店定位

【专业知识准备】

一、网络调研

1. 网络调研认知

网络调研是指利用互联网技术进行调研的一种方法。

在网店运营中，网络调研以网络市场为主体，采用网络调研工具和方法，收集调研数据，通过网络数据处理、分析，为网店运营决策提供数据支撑。

常用的网络调研方法有：网上二手资料收集、网络数据工具或平台调研、在线访谈、网上问卷等。

2. 网上问卷平台选择原则

目前可以制作、发布调查问卷的网络平台比较多，各有特色。在平台选择方面，需要满足基础的问卷设计功能，也可根据自己的实际需求进行选择，选择原则如下：

(1)易用性。体现在创建、编辑、预览、发布、数据分析等项目操作便捷，符合大众使用习惯。

(2)资源丰富。面对庞大的使用群体，收录不同类型的问卷模板，在模板上进行编辑可以大大提高使用者的效率，同时使用者也可以参与不断丰富模板库。

(3)逻辑性。主要体现在问卷题目编辑过程中，可以通过简单的操作进行逻辑设定，满足调研需要。

(4)数据分析。体现在数据分析及导出功能是否满足实际分析需要，是否存在数据汇总深度不够、不能进行数据交叉分析的问题。

二、常用宏观分析模型 PEST

宏观环境(PEST)分析模型是分析宏观环境的有效工具。它是调查外部影响因素的方法，其每一个字母代表一个因素，可以分为 4 大因素：

政治因素(Political):是指对组织经营活动具有实际与潜在影响的政治力量和有关的政策、法律及法规等因素。

经济因素(Economic):是指组织外部的经济结构、产业布局、资源状况、经济发展水平以及未来的经济走势等。

社会因素(Social):是指组织所在社会中成员的历史发展、文化传统、价值观念、教育水平以及风俗习惯等因素。

技术因素(Technological):技术要素不仅仅包括那些引起革命性变化的发明,还包括与企业生产有关的新技术、新工艺、新材料的出现和发展趋势以及应用前景。

【典型案例】

数据赋能　梦想增值

小余在大学期间经朋友介绍了解了网购,她抱着试试看的心态,在网上下单购买了一台笔记本电脑,一周后收到货并带有发票。这次购物体验让小余对电子商务产生了浓厚的兴趣。

寒假开始之后,小余决定在平台上开设个人店铺。开始她只是销售一些零散的闲置物品,后来在批发市场采购一些性价比较高的女鞋并在网上店铺销售,但是由于自己进货量小,成本相对较高,在市场不具有价格优势,也没赚到钱。

就在一筹莫展之际,小余看到网络数据平台的各种数据汇总,于是,她详细地分析了不同品类的市场需求、采购渠道、成交量较高的价格区间等数据。她惊奇地发现,自己家乡盛产的香菇,网上销售竞争压力小,再加上自己原产地采购的优势,中间的利润非常可观。于是,小余联系了家乡的朋友,寻找货源、学习香菇辨别、搭建网上销售团队,小余的网店开始逐步走上正轨。

小余的网店不仅让大家看到了网上销售的巨大潜力,更让大家体验到数据时代的力量。

【思政园地】

2015 年 9 月,国务院印发《促进大数据发展行动规划纲要》,对大数据发展的方向和框架进行了顶层设计和战略部署。2016 年 12 月,工信部印发《大数据产业发展规划(2016—2020)》,对大数据重点行业、重点领域的发展要点进行了规划,提出了多项保障措施建议。2020 年 4 月,中共中央、国务院发布的《关于构建更加完善的要素市场化配置体制机制的意见》中,将“数据”与土地、劳动力、资本、技术并称为五种生产要素。至此,数据已成为经济社会发展的基础性、战略性资源。2021 年 11 月,《“十四五”大数据产业发展规划》发布,提出了大数据发展的四大主要任务,促进大数据产业从规模增长向结构优化、质量提升转型。

在国民经济各行业,大数据应用与创新正快速推进,大数据产业规模 2021 年已突破 1.3 万亿元。工业大数据围绕智能制造模式,已在数据采集集成、分析处理、服务应用等各环节有广泛应用;伴随工业 4.0 概念的提出及推广,工业大数据推动数字生产技术在工业领域的应用,加速了工业企业的数字化转型。农业大数据已覆盖耕地、播种、施肥、杀虫、收割、存储、育种等各环节,可基于遥感估算农作物种植面积、单产与灾害信息等,既可为生产种植提供建议,又可预测农产品生产需求、辅助农业决策,达到规避风险、增产增收的目的。服务业大数据协同 5G、区块链、云计算等技术催生了数字经济的发展,帮助服务型企业更好地进行市场定位，实现基础业务优化升级，也提升了我国数字产业化与产业数字化规模。在医疗领域，大数据为患者就医提供了更多科学参考，医院间电子病历的互通极大方便了医患对诊疗、用药、检查等历史情况的及时掌握。在交通领域，公共交通到站信息、地面交通拥堵情况、停车场空余车位等信息可提升居民出行便利，精准调控拥堵情况。可见，在各行各业，大数据资源与应用持续催动数字经济蓬勃发展。

典型案例感想：

任务 1　网店初级调研

在师傅的带领下，调查网店发展现状及宏观环境，明确企业发展面临的外部政治、经济、社会、法律等方面情况，为网店经营决策做准备。

【任务目标与质量要求】

根据网店宏观环境调研大纲，开展调研，收集资料，确定网店运营发展的方向。

【学习产出目标】

1. 熟知网络调研和宏观环境分析的概念、方法。
2. 调研网店现状。
3. 根据网店宏观环境调研大纲，开展调研，收集资料。
4. 对网店宏观环境进行分析，确定网店运营发展方向。

【工作程序与方法要求】

工作程序	工作内容	要求
• 确定网店现状	梳理网店现状： (1) 网店创建时间。 (2) 网店获得认证、许可等资质。 (3) 网店主营商品及商品发展。 (4) 网店主要引流及销售渠道。	以自己所在企业为对象，准确、完整地梳理网店现状，可以采用网络资料收集和员工访谈相结合的方式。
• 调研网店宏观环境	调研网店宏观环境： (1) 参考 PEST 分析模型，确定调研大纲。 (2) 开展网络调研，收集数据。	灵活地使用网络调研方法，汇总的信息需要逻辑清晰、出处明确。
• 撰写分析报告	撰写分析报告： (1) 撰写分析报告。 (2) 给企业师傅汇报分析内容，根据师傅建议，优化调整。	分析报告的格式规范，汇报的内容条理清晰，详略得当，内容有较强针对性和一定实用价值。

【业务知识】

一、调研准备

1. 聚焦品类

深入了解网店现有品类及商品、商品市场定位、加工程度、销售规模、渠道等。

2. 确定行业

按照产业链，确定品类所在行业上下游企业及业务范围，例如，某农产品种植环节，产地、品牌等;加工环节,目前加工程度、工艺、品类等;销售环节,主要销售渠道、行业毛利率等。

二、网店运营宏观环境调研内容分析

表 3-1-1　网店运营宏观环境调研内容分析表

调研项目	调研内容
政策环境	按照层级调研:国家级、省级、地区级等,重点关注政策中对行业发展的方向指导、支持及奖励规定、配套基础设施建设支持、人员培训等内容。 按照产业分布调研:重点关注与产业、产业集群相关的政策、方针及落实情况。
经济环境	经济规模与结构,通过数据报告,整理网络零售总额、品类占网络零售总额比例等数据。 发展趋势,了解网络零售总额增长率、品类网络零售额增长率、零售各品类占比变化情况等。
社会环境	目前消费者网购平台、流量平台使用情况,消费升级及新的应用场景发展程度。
技术环境	技术现状及发展趋势,包含产品应用技术、安全技术、识别技术、推送算法、智能客户服务技术、智慧物流等方面技术应用的范围及成熟程度。

【业务经验】

如何高效地完成调研报告的撰写工作?

1. 准备阶段

首先,明确调研报告撰写的目标。可以使用 SMART 原则与企业师傅逐一沟通、确认,避免目标过大过空。

其次,贴合目标拟定提纲。根据调研目标要求,按照层次意义、逻辑关系梳理调研提纲,提高调研效率。

最后,收集资料去伪存真。撰写调研报告的数据、信息等需要翔实、准确,因此需要对信息来源进行把握,避免一些不实、片面或者过期的信息扰乱经营决策者的分析判断。此外,收集的信息资料注意筛选、取舍,分析最典型的、能够说明问题的材料,总结出最有价值的内容。

2. 撰写阶段

首先,确定表述逻辑。调研报告需要选好角度、突出重点,逻辑清晰、佐证翔实。因此,在开始撰写之前,需要再次将主题、论点、论据和逻辑进行梳理,确保后续工作的顺利。

其次,规范布局。即按照公文写作的格式,结合企业具体撰写格式要求,搭建报告布局,一般包括标题、导语、正文、结尾、落款、附件等。

最后,报告成文逻辑复看。主要查看成文是否按照目标要求和逻辑构架完成,达到分析问题、解决问题的目的,主题、论点、论据逻辑关系是否成立,内容清晰。如有偏差,需要进一步研讨修改。

3. 修改阶段

一方面是语言规范,调研报告语言应该简洁、准确,报告中使用成熟的专业用语,非专业用语力求准确易懂,根据报告阅读对象的特征,可以进行调整,前提是为说明问题服务。

另一方面是格式检查,对报告全文的格式规范性、错别字、标点符号等进行检查,避免出现错别字、病句等。

【工作任务实施记录与评价】

1. 网店现状调研记录

调研项目	调研记录
店铺名称	
店铺创建时间	
店铺现有资质	
店铺商品	1. 店铺目前商品信息 (1)类目: (2)数量: (3)其他: 2. 店铺 1 年内商品变化情况 (1)类目: (2)数量: (3)变化类型: 说明:可从季节性变化、商品增减、品类更新、其他等方面分析。
店铺引流渠道及效果	1. 站内: 2. 站外:

2. 网店宏观环境调研记录

调研项目	**调研大纲**
政治	
经济	
社会	
科技	
其他	

3. 网店初级调研分析报告

评分项目	评分标准	师傅评分
关键职业能力及职业品质、工匠精神评价	持续学习能力：能够利用网络、企业培训资源等，学习掌握网络调研、宏观环境分析、调研报告撰写的方法及工具，勤学好问。(10分)	
	工作执行能力：能够主动沟通，制订任务计划并积极推进，能够按时完成，任务执行效率高。(10分)	
	责任心和敬业度：能够结合网店实际情况，向企业师傅学习调研，分析标准，勤于思考，对工作尽职尽责。(10分)	
	困难和挫折承受力：能够正确对待工作、学习、生活中的困难和挫折，能够有意识地学习解决问题、化解情绪的方法，建立个人社会支持系统。(10分)	
分析报告	分析报告的格式规范，版面整洁，符合企业阅读和审美要求。(10分)	
	报告内容有针对性、逻辑清晰，数据翔实、准确。(10分)	
	以网店经营决策需求为出发点，内容具有一定实用价值。(10分)	
学徒汇报	精神饱满，仪态自然、大方，音量、语速适中，表达清晰、流畅。(10分)	
	汇报思路清晰，详略得当。(10分)	
	注重人文情怀，汇报中能够融入核心价值观、企业文化等。(10分)	
任务反馈	优缺点：	任务总评
	问题与改进意见：	日期：

任务反思：

任务 2 网店深度调研

在师傅的带领下，调查网店所在行业市场情况，分析市场需求及竞争对手情况，为网店经营决策做准备。

【任务目标与质量要求】

制订网店市场数据调研计划，获取数据，分析及预测网店所在子行业市场容量，行业需求量变化趋势以及市场竞争情况，准备进行网店建设和运营优化。

【学习产出目标】

1. 掌握市场数据分析的内容组成。
2. 明确市场数据分析价值。
3. 熟知竞争对手的界定方法。
4. 分析子行业市场容量情况。
5. 分析子行业市场需求情况。
6. 分析网店市场竞争情况。

【工作程序与方法要求】

工作程序	工作内容	要求
· 调查子行业市场容量	通过调研，全面地了解行业发展状况，据此提前规避风险，避免进入红海行业或处于衰退期的行业： (1)明确分析目标。通过分析目标行业下子行业的市场容量，从中选出市场容量大、销售前景好的子行业进入。 (2)采集并整理数据。通过大数据工具或平台采集目标行业连续 12 个月的交易指数，将交易指数转化为交易金额，用 Excel 整理子行业支付金额较父行业占比。 (3)创建数据透视表。设置数据透视表字段，设置“行”为“(子行业)类目名”，设置“值”为“支付金额较父行业占比”。 (4)插入数据透视图。数据透视表选择“排序”为“降序”，并设置“值显示方式”为“总计的百分比”。 (5)插入切片器。利用切片器控制分析的日期跨度，可按月查看子行业的市场容量情况。 (6)分析子行业市场容量。	目标明确；和师傅学习数据采集，了解平台数据指标的含义和采集位置；数据处理准确，Excel 源文件布局合理；分析全面、有针对性。

工作程序	工作内容	要求
• 分析市场需求情况	根据行业市场大盘数据和消费者需求调研，分析市场竞争情况： (1)根据市场大盘数据中子行业市场需求量变化趋势，分析品牌、价格、属性偏好情况。 (2)通过消费者调研，完善需求分析。	掌握数据采集的方法；能够按照调研目标合理地设计调研问卷或访谈提纲；能够统计、分析指标；需求分析有一定针对性和建设性。
• 分析市场竞争情况	根据行业市场大盘数据，分析竞争情况： (1)分析子行业市场竞争程度。 (2)分析行业集中度。 (3)分析竞争店铺。	掌握数据采集的方法；能够准确地计算指标；竞争分析有一定针对性和建设性。
• 撰写分析报告	撰写分析报告： (1)撰写分析报告。 (2)给企业师傅汇报分析内容，根据师傅建议，优化调整。	分析报告的格式规范，汇报的内容条理清晰，详略得当，内容有较强针对性和一定实用价值。

【业务知识】

1. 子行业市场容量

子行业市场容量通过子行业支付金额与父行业之间的占比情况呈现，通过分析避免进入红海行业或处于衰退期的行业，帮助店铺选择平台市场容量大、销售前景好的子行业进入。包括：每月的行业卖家数、每月的销售金额。需要了解子行业支付金额与父行业之间的占比。

2. 行业集中度 – 赫芬达尔指数

行业集中度可以反映某个行业的饱和度和垄断程度，需要借助赫芬达尔指数来反映。

在进行该指数的计算前，首先需要取得行业潜在竞争对手的市场占有率，并将较小的竞争对手忽略，然后计算出行业竞争对手市场占有率的平方值，最后计算出平方值之和。赫芬达尔指数的数值越小，说明行业的集中度就越小，趋于自由竞争，可以选择进入该行业。

$$\mathrm{HHI}=\sum_{i=1}^{N}\left(\frac{X_i}{X}\right)^2 \quad (i=1,2,\dots,N)$$

N 为市场中的企业总量；

X_i 为第 i 位企业的市场份额，X 为市场总份额。

3. 市场需求分析

包括需求量变化趋势分析，客户品牌偏好分析、客户价格偏好分析、客户属性偏好分析等。

4. 竞争对手界定

在电商运营中，竞争店铺主要指销售同类商品或服务、可替代商品或服务的店铺。

我们可以通过在所处的电商平台搜索关键词、目标人群、销量或商品单价等方式，识别、圈定行业竞争对手。

【业务经验】

1. 如何采集子行业市场容量相关数据？

首先，选定要采集数据的平台。可以使用第三方大数据平台，或者店铺所在平台提供的数据工具，例如，淘宝、天猫等平台的生意参谋，京东的京东商智。

其次，确定能够转化为交易额的数据指标，例如，交易指数、销售指数或热销指数等。

最后，采集所需行业在要求时间段的数据指标，一般采集时间以月为单位，不少于12个月。通过网络指数转换工具将原有指数转换为交易金额。

2. 行业发展趋势还可以用哪些指标进行分析？

在行业发展趋势分析中，行业各品类交易金额增长率是比较直观的指标，也是分析时常用的指标。除此之外，我们还可以用同样的思路，获取搜索人气、访问人气、加购人气、收藏人气、客群指数等指标，进行更加全面、客观的分析。

3. 采集的数据可以直接使用吗？

本次任务我们可能需要处理从不同渠道取得的统计数据，这些数据可能存在数据定义不统一、数据间内涵不一致，甚至部分数值错误、缺失等问题，为了提升分析的效率和准确性，我们需要先进行数据预处理。

4. 调查问卷设计逻辑

表 3-1-2　某食品网店消费者市场调研问题大纲

基础问题	年龄、职业等
过渡问题	网购经验、常用平台等
筛选问题	是否网上购买食品（可细化到具体类目）
偏好问题	经常购买的分类或子类目 品牌偏好 质量要求 购买场景或偏好 食用场景 价格区间
拓展问题	网购中常遇到的问题 好的建议

【工作任务实施记录与评价】

1. 子行业市场容量分析与预测

任务流程	任务内容	师傅指导记录	任务质量评价	评价成绩
步骤一	明确分析目标			
步骤二	采集并整理数据			
步骤三	创建数据透视表			
步骤四	插入数据透视图			日期：
步骤五	插入切片器			
步骤六	分析子行业市场容量			

2. 市场需求分析

(1)通过市场数据进行需求分析记录

<table>
<tr><td>连续 12 个月需求量变化趋势分析</td><td colspan="2"></td></tr>
<tr><td rowspan="7">品牌偏好</td><td>品牌</td><td>交易指数</td></tr>
<tr><td></td><td></td></tr>
<tr><td></td><td></td></tr>
<tr><td></td><td></td></tr>
<tr><td></td><td></td></tr>
<tr><td></td><td></td></tr>
<tr><td></td><td></td></tr>
<tr><td rowspan="4">价格偏好</td><td>电商平台</td><td>价格区间</td></tr>
<tr><td></td><td></td></tr>
<tr><td></td><td></td></tr>
<tr><td></td><td></td></tr>
<tr><td rowspan="5">属性偏好</td><td>属性分类</td><td>属性偏好</td></tr>
<tr><td></td><td></td></tr>
<tr><td></td><td></td></tr>
<tr><td></td><td></td></tr>
<tr><td></td><td></td></tr>
<tr><td>市场需求分析结果</td><td colspan="2"></td></tr>
</table>

(2)消费者市场需求调研

<table>
<tr><th>任务流程</th><th>任务内容</th><th>师傅指导记录</th><th>任务质量评价</th><th>评价成绩</th></tr>
<tr><td>步骤一</td><td>明确调查目标</td><td></td><td rowspan="4"></td><td rowspan="3"></td></tr>
<tr><td>步骤二</td><td>设计调查问卷或访谈提纲</td><td></td></tr>
<tr><td>步骤三</td><td>调查实施、分析</td><td></td></tr>
<tr><td>步骤四</td><td>撰写消费者市场需求调研报告</td><td></td><td>日期：</td></tr>
</table>

3. 竞争市场分析

(1)子行业市场竞争(有交易行为商家数量)分析记录

年份	子行业 1	有交易的卖家数量月度均值	同比增速	子行业 2	有交易的卖家数量月度均值	同比增速	子行业 3	有交易的卖家数量月度均值	同比增速
对比分析									

(2)行业集中度分析

任务流程	任务内容	师傅指导记录	任务质量评价	评价成绩
步骤一	明确分析目标			
步骤二	采集并整理数据			日期:
步骤三	计算关键指标			
步骤四	分析市场竞争情况			

(3)竞店分析记录

任务阶段	任务内容	任务记录	师傅指导记录
竞店识别	筛选关键词		
	设置目标人群		
	设置商品价格		
	细化筛选条件		
	确认竞店		
竞店分析	步骤一:在数据工具中添加竞店		
	步骤二:竞店属性数据分析		
	步骤三:竞店类目分析		
	步骤四:销售数据分析		
	步骤五:推广活动分析		
	步骤六:综合分析		

4. 网店深度调研分析报告

评分项目	评分标准	师傅评分
关键职业能力及职业品质、工匠精神评价	持续学习能力：能够利用网络、企业培训资源等，学习掌握市场数据采集方法、市场容量、趋势、竞争情况等指标的含义、计算、处理和分析方法，勤学好问。(10 分)	
	工作执行能力：能够主动沟通，制订任务计划并积极推进，能够按时完成，任务执行效率高。(10 分)	
	责任心和敬业度：采集数据全面准确，计算正确，分析有理有据、有针对性，勤于思考，对工作尽职尽责。(10 分)	
	困难和挫折承受力：能够正确对待工作、学生、生活中的困难和挫折，能够有意识地学习解决问题、化解情绪的方法，建立个人社会支持系统。(10 分)	
分析报告	分析报告的格式规范，版面整洁，符合企业阅读和审美要求。(10 分)	
	报告内容有针对性、逻辑清晰，数据翔实、准确。(10 分)	
	以网店经营决策需求为出发点，内容具有一定实用价值。(10 分)	
学徒汇报	精神饱满，仪态自然、大方，音量、语速适中，表达清晰、流畅。(10 分)	
	汇报思路清晰，详略得当。(10 分)	
	注重人文情怀，汇报中能够融入核心价值观、企业文化等。(10 分)	
任务反馈	优缺点： 问题与改进意见：	任务总评 日期：

任务反思：

任务3　确定网店定位

在师傅的带领下，根据网店初级、深度网络调研的数据分析报告明确网店定位，制订网店运营规划。

【任务目标与质量要求】

根据网店宏观环境调研大纲，开展调研，收集资料，确定网店运营发展的方向。

【学习产出目标】

1. 了解SWOT分析模型的概念和使用方法。
2. 能在师傅的指导下，完成客户分析和网店定位。

【工作程序与方法要求】

工作程序	工作内容	要求
· 梳理网店定位现状	梳理网店定位的现状： (1)网店目标顾客。 (2)网店产品定位和价格区间。 (3)网店货源及销售渠道。 (4)网店引流和营销方式。	以自己所在的网店为对象，准确、完整地梳理网店定位的现状，可以采用网络资料收集和员工访谈相结合的方式。
· 网店定位SWOT分析	(1)使用SWOT分析工具，分析店铺内外部优劣势。 (2)提出SWOT策略组合。	分析客观、详尽，策略有一定针对性和可行性。
· 确定网店定位	根据SWOT策略组合，与师傅共同完成客户画像分析、确定网店定位。	网店定位符合市场发展规律和企业发展规划。

【业务知识】

SWOT分析模型

SWOT分析模型又称为SWOT分析法，是基于内外部竞争环境和竞争条件下的态势分析，就是将与研究对象密切相关的各种主要内部优势、劣势和外部的机会、威胁等通过调查列举出来，并依照矩阵形式排列，然后用系统分析的方法，把各种因素相互匹配起来加以分析，从中得出一系列相应的结论，而结论通常带有一定的决策性。

S(Strengths)是指企业内部的优势，W(Weakness)是指企业内部的劣势，O(Opportunities)是指企业外部环境中的机会，T(Threats)是指企业外部环境中的威胁。因此，SWOT分析实际上是对企业内外部条件进行综合和概括，分析企业的优劣势、面临的机会和威胁，进而帮助企业进行战略选择的一种方法。

SWOT 分析法把各种要素匹配起来加以系统分析。具体做法如下：

优势和机会（SO 战略）组合：最大限度的发展战略；

劣势和机会（WO 战略）组合：利用机会、回避弱点；

优势和风险（ST 战略）组合：利用优势、降低威胁；

风险和劣势（WT 战略）组合：收缩、规避、合并策略。

【业务经验】

马斯洛的需求层次理论的电商应用分析

马斯洛的需求层次理论是心理学中的激励理论，包括人类需求的五级模型，通常被描绘成金字塔形。

从层次结构的底部向上，需求分别为：生理需求、安全需求、社交需求、尊重和自我实现需求。这种五阶段模式可分为不足需求和增长需求。前四个层次通常称为不足需求，而最上层次为增长需求。

经过多年，目前马斯洛需求层次理论不断地扩充，发展出不同的版本，其中流传最广泛的是马斯洛需求层次的五级模型，在电商中也广泛应用，并值得我们不断思考、研究。

表 3-1-3　马斯洛需求层次理论引用案例分析表

马斯洛的需求层次	理论内容	电商应用案例
生理需求	基础需求，在人的需要中最重要，最有力量，通常为刚性需求，例如，食物、水、睡眠等。	1. 外卖。 2. 个性化物流服务。 3. 各种高性价比的营销活动，不限于直播带货和电商平台大促。
安全需求	需要稳定、安全、受到保护、有秩序的需求，以免除自身恐惧、焦虑的情绪等。	1. 保障、增值类产品，例如支付宝。 2. 带有安全认证类产品，例如绿色认证、有机认证等。
社交的需求	与其他人建立感情联系或关系的需求，例如，交友、聊天、恋爱等。	1. 各类陌生人社群的社交平台。 2. 微信、QQ 等的熟人社交平台。
尊重的需求	分为两类： 1. 尊重自己，例如，相信自己的力量和价值，并让自己更有能力、更有创造力。 2. 希望受到他人尊重，例如，社会地位、威望等。	1. 排名，例如游戏排名、运动排名、打卡排名等。 2. 互动行为，例如点赞、打赏等。 3. 会员体验，享受差异化产品或者服务体验。
自我实现的需求	追求实现自己的能力或者潜能，并使之完善的需求。	各种自媒体平台。

【工作任务实施记录与评价】

1. 网店定位现状记录表

目标顾客	
产品定位	
价格区间	
货源渠道	
销售渠道	
引流和营销方式	

2. 网店定位 SWOT 分析

S 优势分析	W 劣势分析
O 机会分析	T 威胁分析
SWOT 策略组合	

3. 客户分析

与师傅共同完成。

<table>
<tr><td colspan="8">客户画像</td></tr>
<tr><td colspan="8">1. 人口属性</td></tr>
<tr><td>性别</td><td></td><td>年龄</td><td></td><td>收入水平</td><td></td><td>教育水平</td><td></td></tr>
<tr><td>地域</td><td colspan="7"></td></tr>
<tr><td>职业</td><td colspan="7"></td></tr>
<tr><td colspan="8">2. 兴趣特征</td></tr>
<tr><td>浏览内容</td><td colspan="7"></td></tr>
<tr><td>收藏内容</td><td colspan="7"></td></tr>
<tr><td>阅读咨询</td><td colspan="7"></td></tr>
<tr><td>购买偏好</td><td colspan="7"></td></tr>
<tr><td>兴趣标签</td><td colspan="7"></td></tr>
<tr><td colspan="8">3. 设备特征</td></tr>
<tr><td>使用终端</td><td colspan="7"></td></tr>
<tr><td colspan="8">4. 行为数据</td></tr>
<tr><td>访问时间</td><td colspan="7"></td></tr>
<tr><td>浏览路径</td><td colspan="7"></td></tr>
<tr><td>购买渠道</td><td colspan="7"></td></tr>
<tr><td colspan="8">5. 其他</td></tr>
<tr><td>社交偏好</td><td colspan="7"></td></tr>
<tr><td colspan="8">客户需求</td></tr>
<tr><td colspan="4">需求挖掘</td><td colspan="4">商品对应卖点</td></tr>
<tr><td>核心痛点</td><td colspan="3"></td><td colspan="4"></td></tr>
<tr><td>次生痛点</td><td colspan="3"></td><td colspan="4"></td></tr>
<tr><td>潜在痛点</td><td colspan="3"></td><td colspan="4"></td></tr>
<tr><td colspan="4">痒点</td><td colspan="4"></td></tr>
</table>

4. 店铺定位记录表

店铺类目	
产品定位	
价格区间	
货源渠道	
销售渠道	
引流和营销方式	
盈利模式	

5. 任务评价表

任务流程	任务内容	师傅指导记录	任务质量评价	评价成绩
步骤一	梳理网店定位现状			
步骤二	网店定位 SWOT 分析			日期：
步骤三	确定网店定位			

任务反思：

6. 学徒关键职业能力及职业品质、工匠精神评价

项目	**A**	**B**	**C**	**D**
工作态度				
吃苦耐劳				
团队协作				
沟通交流				
学习钻研				
认真负责				
诚实守信				

项目二
网店数据选品

【专业知识准备】

一、商品认知

1. 商品的概念

商品是用来交换并能满足人们某种需要的劳动产品,是社会发展到一定阶段的产物。它既包括有形的物质商品,也包括无形的技术、知识、信息以及服务等。

2. 商品与产品概念辨析

商品是指流通企业外购或委托加工完成、验收入库用于销售的各种商品。

产品是指能够提供给市场,被人们使用和消费,并能满足人们某种需求的任何东西,包括有形的物品、无形的服务等。

产品和商品的区别在于:产品不论是交换前与交换后都可称为产品。而当一种产品经过买卖交换进入使用过程后,如果不存在交换场景中就不能再称为商品了,只能称为产品。

经济意义上的商品指专门用来交换的产品,即生产者本身并不消费,而是用来向其他生产者交换自己需要的其他产品。在社会化大生产时代,几乎所有工业产品和绝大部分农产品都属于商品。

二、产品层次

传统产品层次分为三层,由内至外依次是核心产品、有形产品和附加产品。

(1) 核心产品,是指产品为满足消费者某种需求所必须具有的功能和效用,是消费者购买某种产品时所追求的利益,是顾客真正要买的东西,因此在产品整体概念中也是最基本、最主要的部分。核心产品承载的是产品品牌最本质的竞争能力。例如,消费者购买口红不仅限于想要得到某种颜色的实体,而是为了通过口红提升自己的形象。

(2) 有形产品,是核心产品借以实现的形式,即向市场提供的实体和服务的形象。如果有形产品是实体品,则它在市场上通常表现为产品质量水平、外观特色、式样、品牌名称和包装等。有形产品和核心产品的关系可以理解为,产品的基本效用必须通过某些具体的形式才能得以实现。

(3)附加产品,又称产品的附加利益,是指在产品的销售和使用过程中,企业向顾客提供的服务、便利以及可以用价值衡量的一切无形的东西。它们本身不是产品,它们是无形的,但是附加产品能帮助消费者在购买和使用产品时获得更多的便利感、安全感和荣誉感等。例如,具有分布广泛的服务网点的汽车品牌,更能让该品牌汽车的使用者产生便利感和安全感。

随着营销理念的发展,传统的产品三层次的基础上,增加了期望产品层次和潜在产品层次,即产品五层次由内到外次依次为:核心产品层、有形产品层、期望产品层、延伸产品层和潜在产品层。

期望产品层是顾客在购买产品前对所购产品的质量、使用方便程度、特点等方面的期望值。潜在产品层是在延伸产品层次之外,由企业提供能满足顾客潜在需求的产品层次,它主要是产品的增值服务。

三、产品生命周期

产品生命周期的四个阶段:投入期、成长期、成熟期和衰退期。

生命周期各阶段特征及营销策略如下。

1. 投入期的特征和营销策略

主要特征:消费者对新产品缺乏了解,分销渠道少,销售量增长缓慢;需做大量广告宣传,推销费用高;产品尚未定型,性能和质量不够稳定;企业生产批量小,试制费用高,产品成本高;产品获利较少或无利可图,甚至亏损;只有少数企业生产,市场上竞争者较少。

具体可采取以下营销策略:①产品策略;②快速取脂策略;③缓慢取脂策略;④快速渗透策略;⑤缓慢渗透策略;⑥分销策略。

2. 成长期的特征和营销策略

成长期是指产品经过试销取得成功后,转入批量生产和扩大销售的阶段。

主要特征:消费者对产品已经熟悉并接受,销售量迅速上升;产品已基本定型,生产规模扩大,产品成本下降,企业利润不断增加;同行业竞争者纷纷介入,竞争趋向激烈。

具体可采取以下几种营销策略:①产品策略;②价格策略;③分销策略;④促销策略。

3. 成熟期的特征和营销策略

成熟期是指产品经过成长期,销售量增长速度明显减缓,到达峰点后转入缓慢下降的阶段。

主要特征:产品的工艺、性能较为完善,质量相对稳定,产品被大多数消费者所接受;市场需求趋于饱和,销售量增幅缓慢,并呈下降趋势;企业利润达到最高点,随着销售量的下降,利润也开始逐渐减少;市场上同类产品和替代品不断出现,竞争加剧。

具体可采取以下营销策略:①产品改革策略;②市场开发策略;③营销组合改进策略。

4. 衰退期的特征和营销策略

衰退期是指产品经过成熟期,逐渐被同类新产品所替代,销售量出现急剧下降趋势的阶段。

主要的特征：产品销售量由缓慢下降变为迅速下降；产品普及率较高，消费者对该产品的兴趣已完全转移；产品价格已降到最低点，多数企业无利可图，竞争者纷纷退出市场。

具体可采取以下策略：①维持策略；②收缩策略；③放弃策略。

【典型案例】

依规管理　不走形式

经中华人民共和国最高人民法院整理发布，经营者未依法履行进货查验义务：吴某与某电子商务有限公司买卖合同纠纷案。

【违法事实】

某电子商务有限公司在第三方交易平台开设网络店铺。2018 年 4 月，吴某在该公司开设的网络店铺购买一盒天然虫草素含片。该商品的外包装标注生产日期为 2018 年 2 月 9 日，保质期 24 个月，产品参数显示了涉案产品的生产许可证标号以及执行许可证标号。

吴某收到商品后认为与平台页面显示信息不符，后向当地食药监局投诉。经食药监局调查发现，吴某在某电子商务有限公司购买的天然虫草素含片上标注的生产日期 2018 年 2 月 9 日，晚于案涉产品的《全国工业产品生产许可证》的有效期 2015 年 12 月 16 日。该电子商务有限公司接受调查时承认销售事实，并表示案涉商品于产品生产许可证失效前所生产，其在接到吴某订单后直接联系生产商发货，生产商将案涉商品生产日期改为 2018 年 2 月 9 日并直接发出，某电子商务有限公司未经查验产品的相关生产资质材料就委托生产商发货。食药监局认为，某电子商务有限公司销售标注虚假生产日期食品的行为违反了《中华人民共和国食品安全法》的规定并对其做出行政处罚，对其销售标注虚假生产日期的食品的行为，没收违法所得，并处货值金额一倍的罚款；对其进货时未查验许可证和相关证明文件及未按规定建立并遵守进货查验记录、出厂检验记录和销售记录制度的行为，责令改正，给予警告。

【判决理由】

人民法院认为，根据《中华人民共和国食品安全法》第五十三条的规定，食品经营者采购食品，应当查验供货者的许可证和食品出厂检验合格证或者其他合格证明；食品经营企业应当建立食品进货查验记录制度，如实记录食品的名称、规格、数量、生产日期或者生产批号、保质期、进货日期以及供货者名称、地址、联系方式等内容，并保存相关凭证。就本案查明事实，食药监局向某电子商务有限公司出具的行政处罚决定书载明该公司在案涉产品进货时未履行查验义务，某电子商务有限公司在本案审理过程中亦认可其未对案涉产品进行检查。该公司怠于履行进货查验义务即对案涉产品进行销售，致超过食品生产许可证有效期、标注虚假生产日期的涉案产品售出，上述行为属于《中华人民共和国食品安全法》第一百四十八条第二款规定的经营明知是不符合食品安全标准的食品的行为，因此判令某电子商务有限公司向吴某退货退款并支付十倍惩罚性赔偿金。同时，案涉商品已过保质期，吴某将商品退还某电子商务有限公司后，该公司应将案涉商品予以销毁，不得再次上架销售。

【司法解释相关法条】

《最高人民法院关于审理食品安全民事纠纷案件适用法律若干问题的解释（一）》

第六条　食品经营者具有下列情形之一，消费者主张构成食品安全法第一百四十八条规定的“明知”的，人民法院应予支持：

（一）已过食品标明的保质期但仍然销售的；

（二）未能提供所售食品的合法进货来源的；

（三）以明显不合理的低价进货且无合理原因的；

（四）未依法履行进货查验义务的；

（五）虚假标注、更改食品生产日期、批号的；

（六）转移、隐匿、非法销毁食品进销货记录或者故意提供虚假信息的；

（七）其他能够认定为明知的情形。

典型案例感想：

任务1　数据选品

选品是电商运营工作中一个很重要的环节。在电商平台,选对了产品至少有50%的成功可能性,而选错了产品则可能面临100%的失败。选择商品的方法有很多,商品能否匹配市场,是非常重要的一件事。只有明确商品的各种属性和特点,并在了解市场的基础上,才能做出正确的选择。

【任务目标与质量要求】

在师傅的指导下,收集竞争对手的产品信息,进行竞品分析,明确竞争中本店的优劣势,进而确定竞争策略,完成商品选择。

【学习产出目标】

1. 了解商品的概念、分类。
2. 收集竞争对手的店铺和产品信息。
3. 根据收集到的资料,进行竞品分析。
4. 完成店铺选品工作,确定店铺竞争策略。

【工作程序与方法要求】

工作程序	工作内容	要求
• 收集竞品信息	(1)通过大数据平台或者店铺所在电商平台进行高级筛选,选择品类、品牌、价格区间等符合店铺定位和品类要求的热销商品。 (2)在师傅的指导下,在筛选结果中选择5～8款商品,确定为竞品。根据品类不同,按照竞品分析的实际需要确定比较商品的数量。 (3)收集竞品的价格、销售等信息。	以自己所在店铺为对象,利用大数据平台筛选热销商品及竞品,详细记录不同品类的筛选条件差异,并进行总结、分析。
• 竞品分析	比较竞品数据,选择商品人气、转化率较高的5款左右商品,主要指标有:销售价、搜索人气、交易指数、转化率等。	通过第三方数据工具筛选、竞品详情页观察等方式,准确收集竞品的价格、销售等方面信息。
• 初步选定商品	在师傅的指导下,确定意向商品,准备下一步磋商商品信息表填写,主要内容包含:商品名称、规格、价格、厂商等。	注意记录竞品作为意向商品的筛选条件,进行总结、分析。

【业务知识】

一、平台选品方法

1. 梳理电商平台消费者购物决策流程

传统的商超商品搬到互联网上，被称为货架电商。以阿里巴巴和京东为代表的货架电商已发展20余年。

自2018年以来，短视频+直播带货快速发展，内容+推荐形式的电商成了业界关注的对象，被称为“内容电商”，抖音定义为“兴趣电商”。表3-2-1从多个角度对比了两者的区别：

表 3-2-1　电商平台消费者购物模式对比

不同点	电商类型	
	货架电商	内容电商
销售模式	人找货	货找人
购物路径	搜索式购物	发现式购物
流量模式	引流	分发
商业逻辑	广告	兴趣
消费者决策行为	**理性购物**	**感性购物**
代表平台	淘宝、天猫、京东	抖音、快手

2. 消费者购物行为对比（图3-2-1）

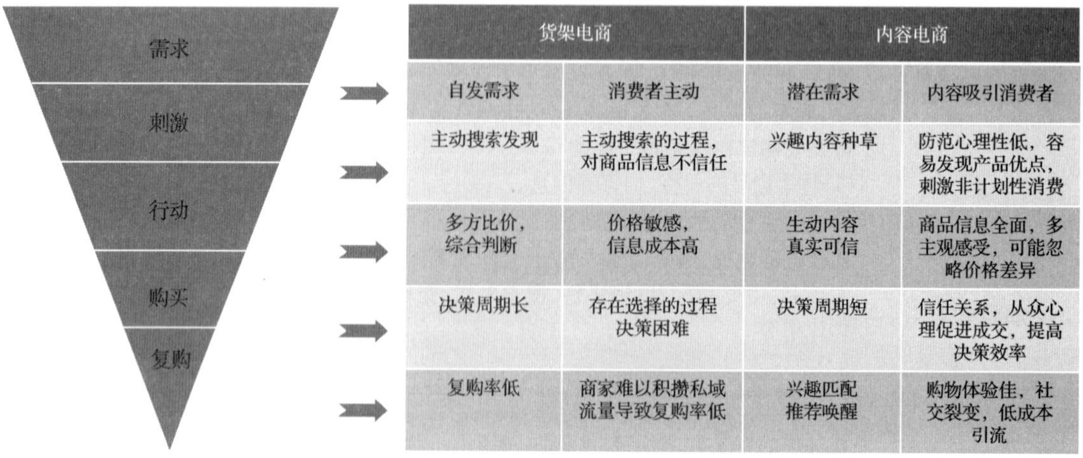

图 3-2-1　电商平台消费者购物行为对比图

3. 各平台产品特点及消费者决策流程(表 3-2-2)

表 3-2-2 各平台产品特点及消费者决策流程

	天猫	京东	拼多多	抖音
核心品类	服装、化妆品	3C 家电、超市品类、书籍	农产品	服装配饰
拓展品类	生鲜、家装家居	快消品	生鲜	其他非标品类
购物决策	搜索为主、内容为辅	搜索为主	搜索为主、内容为辅	内容为主

综上,我们可以初步得出各平台品类特点、状态以及消费者决策影响因素,为后续选品做好准备。

二、竞品分析

做竞品分析需要经过这 6 个步骤:

(1)明确目标:明确为什么要做竞品分析、想解决什么问题、竞品分析的目标是什么。

(2)选择竞品:选择要分析的竞品。

(3)确定分析维度:根据竞品分析目标,确定要从哪些维度分析竞品。

(4)收集竞品信息:从各种渠道收集竞品信息。

(5)信息整理与分析:对收集到的竞品信息进行整理与分析。

(6)总结:得到竞品分析的结论。

【业务经验】

竞品分析的内容可以由两方面构成:客观和主观。

客观即从竞争对手或市场相关产品中,圈定一些需要考察的角度,得出真实的情况;此时,不需要加入任何个人的判断,应该用事实说话。

主观是一种接近于用户流程模拟的结论,例如可以根据事实,列出竞品或者自己产品的优势与不足。分析别人产品的同时,实际上是走了一遍用户流程。

【工作任务实施记录与评价】

1. 竞品数据信息表

可根据实际需要确定竞品数量，并在电子表格中调整表格内容。

竞品类目		竞品名称				竞品商品等级		
原价 / 元		销售价 / 元		历史最高价 / 元		历史最低价 / 元		
搜索人气	收藏人气	加购人气	评价数	交易指数	交易额（转化）	流量指数	访客数（转化）	转化率

2. 初步选品信息表

商品类目			商品子类目			
序号	商品名称	品牌	规格	零售价 / 元	厂商	备注

3. 任务评价表

任务流程	任务内容	师傅指导记录	任务质量评价	评价成绩
步骤一	收集竞品信息			
步骤二	完成竞品分析			日期：
步骤三	初步确定网店选品			

任务反思：

4. 学徒关键职业能力及职业品质、工匠精神评价

项目	A	B	C	D
工作态度				
吃苦耐劳				
团队协作				
沟通交流				
学习钻研				
认真负责				
诚实守信				

任务 2　采购洽谈

在师傅的带领下，完成供应商调查工作，填写供应商评估表，筛选出合格的供应商，通过与供应商洽谈、磋商，确定最终店铺选品。

【任务目标与质量要求】

选择合适的供应商，完成相关调查工作，通过调查研究，确定最终合格的供应商和对应的产品。

【学习产出目标】

1. 了解供应商调查的概念、方法。
2. 进行供应商调查，填写供应商评估表。
3. 筛选出合格的供应商，完成选品工作。

【工作程序与方法要求】

工作程序	工作内容	要求
• 调查供应商	对初步选定产品的厂商或供应商进行调查： (1)企业基本信息。 (2)资质信息及佐证。 (3)供应商服务与交货时间。 (4)产品质量。	对企业资质、经营范围、生产或服务能力做基础了解，重点关注是否有法律纠纷；供应商服务情况可参照供应商平台或者与其上下游企业咨询了解；产品质量需要按照品类抽检惯例进行抽检核查。
• 采购洽谈	进行供应商洽谈： (1)由师傅或店铺指定人员与供应商进行洽谈，核心是产品价格及服务磋商。 (2)学徒重点学习、记录。	该环节主要由师傅完成，学徒可以参与准备工作及观摩、学习。
• 填写选品信息表	(1)根据洽谈结果，确定店铺选品。 (2)根据店铺商品信息系统，对接供应商，收集、填写选品信息表。 (3)如有新增供应商，完善新增供应商信息，备案。	积极主动与供应商联系，落实商品信息细节，准确地完成填写，并录入系统。

【业务知识】

1. 供应商调查

供应商初步调查，是对供应商的基本情况的调查。主要是了解供应商的名称、地址、生产能力，能提供什么产品，能提供多少，价格如何，质量如何，市场份额有多大，运输进货条件如何。

供应商深入调查，是指经过初步调查后，对准备发展为自己供应商的企业进行更加深入仔细地考察，这种考察，是深入到供应商企业的生产线、各个生产工艺、质量检验环节甚至管理部门，对现有的设备工艺、生产技术、管理技术等进行考察，看看所采购的产品能不能满足本企业所应具备的生产工艺条件、质量保证体系和管理规范要求。只有通过这样深入的供应商调查，才能发现可靠的供应商，建立起比较稳定的物资采购供需关系。

2. 采购谈判

采购谈判，是指企业为采购商品作为买方，与卖方厂商对购销业务有关事项，如商品的品种、规格、技术标准、质量保证、订购数量、包装要求、售后服务、价格、交货日期与地点、运输方式、付款条件等进行反复磋商，谋求达成协议，建立双方都满意的购销关系。采购谈判的程序可分为计划和准备阶段、开局阶段、正式洽谈阶段和成交阶段。

【业务经验】

供应商调查在不同的阶段有不同的要求，可以分成三种：第一种是资源市场分析；第二种是供应商初步调查；第三种是供应商深入调查。

可在供应商资质审核、产品质量、业界口碑、付款方式、产品价格、运输方式、交货日期等多方面进行调查评估。

【工作任务实施记录与评价】

1. 供应商评估表

可根据实际需要确定待评估供应商数量,并在电子表格中调整表格内容。

<table>
<tr><td colspan="5">供应商评估表</td></tr>
<tr><td>公司名称</td><td></td><td>联系人</td><td colspan="2"></td></tr>
<tr><td>公司地址</td><td></td><td>联系电话</td><td colspan="2"></td></tr>
<tr><td>成立时间</td><td colspan="4"></td></tr>
<tr><td>公司供货范围及种类</td><td colspan="4"></td></tr>
<tr><td>公司性质</td><td colspan="4">□私营企业 □合资企业 □外资企业 □国有企业 □其他</td></tr>
<tr><td>评估项目（满分 100 分）</td><td>评估内容</td><td>评估依据记录</td><td>评估计分</td><td>备注</td></tr>
<tr><td>资质能力（10 分）</td><td>1. 提供有效法定生产和经营许可证明;
2. 生产型供应商应提供生产实力说明及佐证;
3. 如需要,应提供专项许可证明;
4. 诚信核查,包括且不限于主体资质、税务评级、企业年报、法律诉讼、失信信息、所在电商平台信用等级、交易信息等。</td><td></td><td></td><td></td></tr>
<tr><td>产品质量（30 分）</td><td>1. 30× 产品一次报检合格率;
2. 发生重大质量问题或弄虚作假等情况,一次扣 30 分。</td><td></td><td></td><td></td></tr>
<tr><td>服务满意度（15 分）</td><td>1. 非常满意 15 分;
2. 基本满意 10 分;
3. 不满意评分参照:
核实文字投诉一次扣 3 分,同一问题重复投诉扣 10 分,重大投诉及索赔的扣 15 分,其他服务不满意情况酌情扣分。
备注:潜在供应商可参照平台客户评价和调查数据估算。</td><td></td><td></td><td></td></tr>
<tr><td>产品交货期（30 分）</td><td>1. 30×（1 —迟交次数 ÷ 总交货次数）;
2. 若因推迟交货对公司造成较大影响的,一次扣 10 分;
3. 造成重大影响的,一次扣 30 分。
备注:潜在供应商可参照平台履约数据和调查数据估算。</td><td></td><td></td><td></td></tr>
<tr><td>产品价格（15 分）</td><td>3
6
9
12
15</td><td></td><td></td><td></td></tr>
<tr><td colspan="2">合计:</td><td colspan="3"></td></tr>
<tr><td colspan="2">★评分等级:
☆评分大于或等于 85 分的,为 1 级供应商;
☆评分大于或等于 75 分,小于 85 分的,为 2 级供应商;
☆评分大于或等于 60 分,小于 75 分的,为 3 级供应商;
☆评分大于或等于 50 分小于 60 分的,为 4 级供应商;
☆评分小于 50 分的为不合格供货商。</td><td colspan="3">评估结果:

评估人签名:

日期:</td></tr>
</table>

2. 确定选品信息表

<table>
<tr><td>商品类目</td><td colspan="3"></td><td>商品子类目</td><td colspan="3"></td></tr>
<tr><td rowspan="2">序号</td><td rowspan="2">商品名称</td><td rowspan="2">品牌</td><td rowspan="2" colspan="2">规格</td><td>零售价 / 元</td><td rowspan="2">厂商</td><td rowspan="2">备注</td></tr>
<tr><td>批发价 / 元</td></tr>
<tr><td rowspan="2"></td><td rowspan="2"></td><td rowspan="2"></td><td rowspan="2" colspan="2"></td><td></td><td rowspan="2"></td><td rowspan="2"></td></tr>
<tr><td></td></tr>
<tr><td rowspan="2"></td><td rowspan="2"></td><td rowspan="2"></td><td rowspan="2" colspan="2"></td><td></td><td rowspan="2"></td><td rowspan="2"></td></tr>
<tr><td></td></tr>
<tr><td rowspan="2"></td><td rowspan="2"></td><td rowspan="2"></td><td rowspan="2" colspan="2"></td><td></td><td rowspan="2"></td><td rowspan="2"></td></tr>
<tr><td></td></tr>
<tr><td rowspan="2"></td><td rowspan="2"></td><td rowspan="2"></td><td rowspan="2" colspan="2"></td><td></td><td rowspan="2"></td><td rowspan="2"></td></tr>
<tr><td></td></tr>
</table>

3. 任务评价表

任务流程	任务内容	师傅指导记录	任务质量评价	评价成绩
步骤一	进行供应商搜集			
步骤二	完成供应商调查、洽谈			日期：
步骤三	确定最终供应商、产品			

任务反思：

4. 学徒关键职业能力及职业品质、工匠精神评价

项目	A	B	C	D
工作态度				
吃苦耐劳				
团队协作				
沟通交流				
学习钻研				
认真负责				
诚实守信				

任务3　商品信息管理

完成产品信息清单的整理工作，在师傅的带领下，绘制不同商品的客户画像，并结合客户画像，进行店铺产品的再次梳理，最后，尝试独立完成商品简介的制作。

【任务目标与质量要求】

在师傅的指导下，培养对客户的分类能力以及对商品信息的整理能力。

【学习产出目标】

1. 完善产品信息。
2. 完成产品清单和商品简介的制作。

【工作程序与方法要求】

工作程序	工作内容	要求
•完善产品信息	根据实际的产品系统或统计需要，完善产品信息： (1)填写入库编码。 (2)由产品经理、运营专员等共同商定产品定价。	录入系统的产品信息数据项符合库存、销售等多方面要求，录入完整、准确。 学徒学习、记录商品基本定价策略。
•制作商品简介	产品经理、运营专员等共同商议，确定产品核心卖点： (1)复盘客户画像，针对不同的商品，进行目标客户群体的特征、需求微调，进一步调整产品策略。 (2)学徒参与讨论、记录。	认真地学习客户画像复盘和调整的方法，对照FABE法则，完成商品简介的制作。

【业务知识】

一、客户特征分析

客户特征分析是从多个维度对客户进行分析，然后总结出客户全貌的过程。对客户特征进行归纳分析，能够形成客户画像，帮助企业了解客户群体特征。

在进行客户特征分析时，常用的指标有：页面浏览量（PV）、访客数（UV）、成交客户数、成交金额、转化率、客单价等。通过从不同维度采集相应的指标进行分析，能够得出可以指导店铺营销策略优化的客户特征分析结果。

二、单品(SKU)认知

(1)从货品角度看,SKU是指单独一种商品,其货物属性已经被确定。只要货品属性有所不同,那它的SKU便是不同的。属性有很多,一般理解货品属性有品牌、型号、配置、等级、花色、成分、用途等。也就是说同样的货品只要在人们对其进行保存、管理、销售、服务的方式不同,那么就需要被定义为不同的SKU。

(2)从业务管理的角度看,SKU还含有货品包装单位的信息。由于计量单位不同,适应业务管理需要,我们需要将它划归于不同的SKU,可以用单位转换的算法协助转换SKU。

(3)从信息系统和货物编码看,SKU可以说就是一个编码。不同的商品就有不同的编码。而这个编码与被定义的商品是做了一一对应的关联的,只有这样,我们才可以依照不同SKU的数据来对库存和销售情况做好记录和分析。

【业务经验】

了解客户画像

客户画像=行业特征+企业特征+关键人职业属性+关键人个人属性

1. 客户行为数据收集

收集足够多的客户信息,才能让数据更加有效,需要根据店铺的不同产品和服务来设置不同的标签。因此在收集客户的信息时需要考虑到信息的完整性。

2. 客户行为数据预处理

预处理就是先把一些无效数据和繁杂数据清除干净,对留下来的有效数据进行整理和归纳,这样所得出的客户画像矩阵会更加精准。

3. 客户行为分析

可根据客户行为分析进行打分,将客户分为不同层级,目前最常用的就是打标签。通过对客户的需求、意向度、特征、购买能力等维度来打上标签,划分出不同的客户群体。

【工作任务实施记录与评价】

1. 产品清单

可根据实际产品系统或统计需要调整表格内容。

销售类目	UPC码	SKU码	商品名称	规格/型号	颜色	采购价格	拟定价	产品标记	品牌	采购时间	供应商

2. 制作商品简介

表格以预包装食品为例,可根据实际产品类目调整表格内容。

商品标题			
属性、特征(Features)			
品牌		系列	
包装方式		包装种类	
净含量		储存方式	
生产许可证编号		产品标准号	
保质期		配料表	
优点(Advantages)			
利益(Benefits)			
证据(Evidence)			
描述			

3. 任务评价表

任务流程	任务内容	师傅指导记录	任务质量评价	评价成绩
步骤一	完善产品清单			
步骤二	制作商品简介			日期：

任务反思：

4. 学徒关键职业能力及职业品质、工匠精神评价

项目	A	B	C	D
工作态度				
吃苦耐劳				
团队协作				
沟通交流				
学习钻研				
认真负责				
诚实守信				

项目三
网店视觉优化

【专业知识准备】

一、网店视觉优化的意义

国内电商经过二十多年的飞速发展,运营思维从“卖产品”逐步向“消费体验”转变,网店视觉设计也从最初的“网店美工”需求向全方位品牌视觉设计理念发展,同时,结合人工智能和大数据技术,让网店视觉设计不断走向成熟。

1. 网店视觉优化的意义

虽然商业的方式在不断迭代,但视觉和营销的底层原理却一直未曾变化。电商视觉营销的目的是销售,而销售的核心内容是建立与消费者之间的信任。网店视觉设计将要解决的就是人与产品之间的信任问题。

在电商消费者购买产品的过程中,消费者发生购买行为需要经历搜索产品、产生注意、激发兴趣、达到信任、引发行动、购买产品、复购产品等环节。

网店视觉设计工作按照营销功能可以分为:让人产生注意的引流视觉和让人产生购买冲动的销售视觉。

引流视觉主要针对投放的广告页面和利用电商平台提供的搜索引擎搜索出来的自然结果,决定消费者是否能够被吸引进入店铺,考核标准是点击率。

营销视觉是在短时间内和消费者达成购买意向,考核标准是转化率。

2. 网店图片评价

好的商品图片具备色彩正确还原、图片展示清晰、主副图组合、材质细腻明确、背景道具搭配得当、画面生动有趣等特征;低劣商品图片可能存在商品模糊不清、物体变形失真、主次不分、缺少细节照片、摄影曝光失误、照片明显偏色、背景道具不当等问题。

二、常用术语和定义

1. 视觉营销（VMD）

又称为“商品计划视觉化”。指通过视觉达到产品营销或品牌推广的目的。

2. 网店视觉定位

在传统的商业模式中，塑造品牌最有效的方式之一就是打造一套企业的视觉识别体系，其中包括企业名称、企业标志、企业标准颜色、企业象征图案、标语口号等。在电子商务中，这一套方式同样适用，根据网店的特点优化为店铺名称、店铺标志、店铺首页构架标准、店铺色彩使用规范、商品图片、店铺字体等。

3. 网店版式布局

是指网店在页面上分别放置不同的模块，以形成一定的视觉效果，以满足客户的视觉需求。

4. 网店视觉元素

是具有鲜明特征的构成视觉的具体细节的集合。以“客户体验”为核心，包含店铺风格、配色、布局、文案等要素。

5. 主图

是商品特写照片，起到商品展示的作用。主图的效果影响顾客对产品的印象，主图上展现不出产品的优势，容易流失买家。

6. 主图视频

指以展示商品外观、功能为目的的主视频图像。

7. 详情页

是详细介绍单个产品规格、功能、款式、材质等的页面。详情页的展示效果可以有效地提升单品的转化率。

8. 详情视频

全面阐释产品特点与细节的视频。

三、视觉配色基础

任何好的视觉都不是单一颜色构成的，当我们把店铺和商品的主要色系确定下来之后，就可以考虑使用什么颜色进行搭配了。

1. 色相环

色相环是指一种圆形排列的色相光谱，色彩是按照光谱在自然中出现的顺序来排列的。暖色位于包含红色和黄色的半圆之内，冷色则位于包含绿色和紫色的那个半圆之内。互补色出现在彼此相对的位置上。

2. 色彩的心理效应

色彩心理是指颜色能影响脑电波，脑电波对红色的反应是警觉，对蓝色的反应是放松。色彩的直接心理效应来自色彩的物理光刺激对人的生理造成的直接影响。

冷色与暖色是依据心理错觉对色彩的物理性进行分类的。频率低的红光和橙、黄色光，常使人联想起火焰、阳光、朝霞，因此有温暖、热烈的感觉，所以称为“暖色”；相反，频率高的紫色光、蓝色光、绿色光，常使人联想起海洋、湖泊、冰雪、夜空，因此有寒冷的感觉，所以称为“冷色”。

因此在配色方面，首先，我们需要根据店铺和产品的风格以及行业和消费者的属性来寻找一个主色，然后根据我们需要营造的氛围和目的进行配色，让众多色彩变成帮我们引流、促销、推广的宣传图。

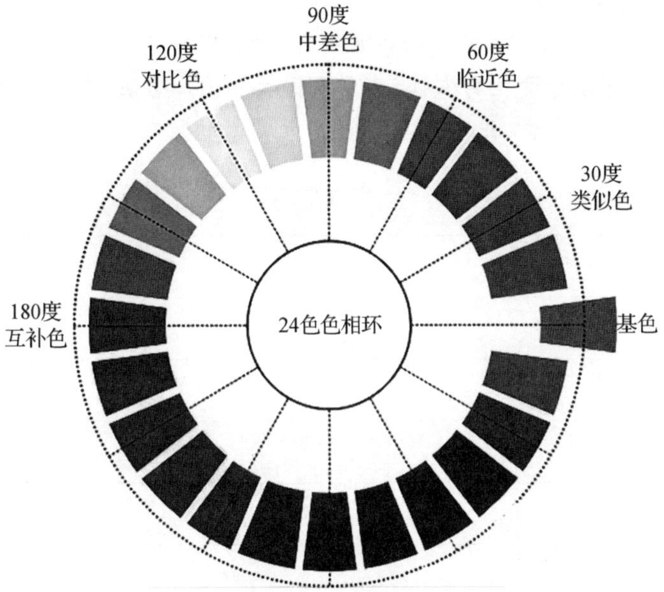

图 3-3-1　色相环

四、商品图片构图基础

构图，是造型艺术专业术语，在商品图片中，商品摆放的位置、与环境之间的关系，就是我们常说的构图。通常情况下被拍摄的商品就是画面的主体，即主角，除此之外与主体相对应的陪衬就是配角。

(1) 中心主体。最常用的构图方法就是中心法构图，这种方式将需要突出的人物或者商品放在画面的中心位置，形成天然的中心效应。

(2) 黄金点位主体。将主体放置在中心的安排相对比较单一、缺少变化。为了让画面更加多样，可以将主体放在黄金点位上，旁边摆上陪衬道具，形成富有变化且均衡的构图效果。黄金点位可以用中国的九宫格来说明，画面上形成了“井”字交叉，可以将主体安排在这些交叉点或分割线上，既突出主体，又呼应其他物体。

(3) 线性摆放。常见的线性摆放有直线构图、斜线构图等结构样式。

①直线构图。就是将商品像一条直线一样排列，一字横线构图通常与横拍结合，表现画面开阔、平稳；一字竖线构图与竖拍结合，画面更显高大、挺拔、向上。

②斜线构图。主要是商品按照 45° 对角线方向摆放，有时也有其他角度变化。给人一种动态感，让画面更有延伸性，商品更具立体感。

(4) 画面留白。拍摄画面需要适当留白，一是避免画面太过拥挤，二是画面剪裁的需要。

【典型案例】

诚信经营　合法推广

随着移动互联网和智能通信工具的普及，消费者接收信息的渠道更加广泛，对于想做推广的商家而言，无疑是好消息，可推广怎么做，作为商家一定要先学好相关法律法规。

2022 年 5 月，李某在其网店销售耳饰、耳环时，宣称其所售耳饰、耳环具有“防过敏”功能，违反了《中华人民共和国广告法》第十七条之规定，构成发布违法广告行为。

李某所在城市市场监督管理局依据《中华人民共和国广告法》第五十八条之规定，对当事人作出责令停止发布违法广告，并处以 10 000.00 元罚款的行政处罚。

典型案例感想：

任务1　店铺首页优化

确定店铺选品后，需要完成商品上架前期准备，其中非常重要的一环是店铺装修，合适的“装修”不仅让人赏心悦目，还对店铺未来的品牌标识起到重要作用。在师傅的指导下，完成网店首页视觉设计表、首页图片制作与测试。

【任务目标与质量要求】

在师傅的指导下，完成网店首页视觉设计表，并学习使用制图软件或者人工智能（AI）制图工具完成首页图片制作与测试。

【学习产出目标】

1. 调研、分析店铺经营类目商品视觉设计特点，完成网店首页视觉设计表。
2. 使用制图软件完成首页图片制作与测试。

【工作程序与方法要求】

工作程序	工作内容	要求
·确定网店首页视觉定位	在店铺品牌定位、产品定位和人群画像分析的基础上，确定店铺的视觉定位： (1)确定店铺的风格定位。 (2)通过店铺的类型与营销策略，确定店铺视觉定位侧重凸显的内容。 (3)根据店铺的视觉定位，细化视觉设计需求。 (4)根据视觉设计风格，配合营销场景列举典型风格元素。 (5)通过店铺的视觉定位，确定网店的基础配色。	认真地分析店铺的视觉设计需求和基础，广泛参考优质店铺和不同设计店铺的运营数据，视觉设计传达正能量，禁止出现违法违规内容。
·网店首页优化与调试	(1)根据网店的视觉定位，调整店铺模板、优化首页布局模块。 (2)首页制作与测试。	在师傅的指导下完成，做好素材整理和首页测试。

【业务知识】

1. 风格定位

风格，是指具有有别于其他人的表现、打扮、行事作风等行为和观念。风格可以用来形容普遍事物，更多地应用于艺术、文学创作领域。

在网店设计中，根据不同的店铺、产品、客户群体定位，会延伸出不同的店铺风格定位。常见的风格有自然、简约、民族、田园等。

常见的店铺的视觉定位风格有如下几种。

(1)时尚风：时尚杂志风格，大气，利用光影和留白。

(2)复古风：复古花纹、图案、场景等元素结合，营造复古氛围。

(3)简约风：有通透的空间感，没有过多装饰元素。

(4)清新风：舒适、清爽，色调倾向于清透的自然色。

(5)科技风：利用干净、利落的阴影、纹理、渐变等几何效果与产品形成呼应，有空间感和科技感。

(6)卡通风：通常与店铺 Logo 或品牌形象呼应，配色偏向于有视觉冲击的卡通风格。

2. 视觉设计需求

根据不同的店铺定位和视觉定位，视觉设计需求也会存在差异。例如，对于品牌型店铺，视觉定位主要是凸显品牌文化、品牌服务、产品品质等方面，在视觉设计需求方面，就需要强化产品价值，使用高品质素材，凸显产品品质，以简约大气为主，相对弱化价格和营销信息。

3. 风格元素

为了更好地梳理设计思路，可以提取风格元素关键词，确保视觉设计方向。表 3-3-1 列出了风格元素关键词汇。

表 3-3-1　风格元素关键词汇总表

风格元素			
场	季节元素		场景
	春季	嫩绿色，树枝新芽、花苞……	春耕、放风筝……
	夏季	绿色、蓝色，荷花、大海、沙滩……	纳凉、冲浪……
	秋季	橙色、金黄色，秋叶、麦田、夕阳……	秋收、采摘……
	冬季	白色，雪花、雪景、春节……	下雪、打雪仗、过年……
货	店铺场景	结合品牌定位场景、时令场景……	
	产品色彩	以产品色彩做焦点，环境色做衬托或撞色	
	产品材质	柔软的棉麻、轻薄的纱、有质感的木制台面……	
	产品卖点	用文字点明主题，强化印象	
人	活动元素	新品、优惠券……	
	客户元素	奋斗、青春、浪漫、做自己喜欢的……	

4. 首页测试(表 3-3-2)

表 3-3-2　首页测试要求

<table>
<tr><th>制作方式</th><th>基础测试要求</th><th>重点测试</th></tr>
<tr><td>制图软件自制</td><td rowspan="2">1. 首页布局框架功能完整、呈现比例合理、内容正确;
2. 布局合理,便于引导消费者;
3. 配色方案与风格一致,界面美观;
4. 链接设置正确;
5. 素材获取与制作属于原创;
6. 首页整体显示美观大方,符合审美规则。</td><td>1. 首页设计合理;
2. 模块合成完整、正确。</td></tr>
<tr><td>AI 制图或其他</td><td>1. 首页模板选择合理;
2. 首页显示图片、内容正确,尤其是应用模板时注意内容更新。</td></tr>
</table>

【业务经验】

网店首页怎样布局?

网店首页布局是首页所有信息展示的内在骨架,通常首页按照布局位置可以分为页头、页体和页尾;按照功能可以分为店招、导航、海报、活动展示、产品陈列、底部导航等区域。表 3-3-3 为某零食类目店铺首页整体版式布局。

表 3-3-3　某零食类目店铺首页整体版式布局

店招(品牌、当季热销商品活动)
通栏导航 (大促活动;所有商品;人气爆款;元气红枣;缤纷果干;能量坚果;追剧零食)
首焦 (大促活动,优惠券)
排名前列(Top)爆款(6 屏滚动) (坚果礼盒 2 个、爆款单品 2 个、人气零食 2 个)
当季上新味 (新疆喀什西梅、杧果奶糕、枣仁派)
热门分类(4 类) (面包、果干、坚果、肉食)
产品陈列模块 (热销商品、品牌服务)
平台统一底部导航

【工作任务实施记录与评价】

1. 店铺首页视觉设计表

<table>
<tr><th>项目</th><th colspan="4">内容</th></tr>
<tr><td>店铺类型</td><td colspan="4"></td></tr>
<tr><td colspan="5">风格定位</td></tr>
<tr><td>风格定位</td><td colspan="4"></td></tr>
<tr><td colspan="2">视觉定位</td><td colspan="3">视觉设计需要</td></tr>
<tr><td colspan="2"></td><td colspan="3"></td></tr>
<tr><td>视觉定位风格</td><td></td><td colspan="3">风格元素</td></tr>
<tr><td rowspan="3">风格典型特征</td><td></td><td>场</td><td colspan="2"></td></tr>
<tr><td></td><td>货</td><td colspan="2"></td></tr>
<tr><td></td><td>人</td><td colspan="2"></td></tr>
<tr><td colspan="5">基础配色</td></tr>
<tr><td>品牌标准色</td><td></td><td colspan="2">主色</td><td></td></tr>
<tr><td>点缀色</td><td></td><td colspan="2">辅助色</td><td></td></tr>
</table>

2. 网店首页设计图制作与测试

序号	任务内容	师傅指导记录	任务质量评价	评价成绩
1	网店首页制作			
2	网店首页测试			日期：

任务思考：

3. 学徒关键职业能力及职业品质、工匠精神评价

项目	A	B	C	D
工作态度				
吃苦耐劳				
团队协作				
沟通交流				
学习钻研				
认真负责				
诚实守信				

任务 2　主图优化

在店铺和商品正常展现的情况下，主图是消费者对商品的第一印象，很大程度上影响商品点击率，因此，已有商品主图优化、新品主图、主图视频制作与测试是店铺装修的日常工作之一，在师傅的指导下，学徒需要掌握平台主图和主图视频上传要求，能够运用制作软件完成图片和视频的制作与测试。

【任务目标与质量要求】

在师傅的指导下，完成网店主图、主图视频策划，并学习使用制图软件或者 AI 制图工具完成主图和主图视频的制作与测试。

【学习产出目标】

1. 熟知平台主图和主图视频的上传要求。
2. 根据产品属性特征和消费者需求，完成网店主图和主图视频策划。
3. 使用制图软件完成主图和主图视频的制作与测试。

【工作程序与方法要求】

工作程序	工作内容	要求
• 主图策划	(1) 根据产品属性特征和消费者需求，划分 5 张主图的展示功能。 (2) 根据每一张主图功能目标选取主图展示场景。 (3) 设计主图元素配色和构图。 (4) 制订主图拍摄建议，与摄影师沟通拍摄细节要求。 (5) 策划主图、文案内容。	策划前认真分析消费者需求、痛点及产品卖点，熟知广告法产品展示相关规定。学徒初期，策划工作需要在师傅的指导下完成。
• 主图制作与测试	(1) 确认主图的制作需求，整理所需素材，包括产品图片、场景或模特展示图片、字体文件。 (2) 使用制图工具，完成主图制作。 (3) 主图完成后可以使用"主图牛皮癣"工具测试，如制作 2 个及以上版本主图，可以进行 AB 版盲测，通过测试结果对主图进行筛选、优化。	初期学徒使用制图工具、AI 制图软件制作等方式，如运营岗位需要兼顾美工任务，需进行专业培训考核后承担此部分工作。

工作程序	工作内容	要求
• 主图视频策划	(1)在师傅指导下，梳理主图视频的拍摄需求，重点从需求挖掘出发，强化商品卖点表现和内容情绪输出。 (2)学习撰写主图视频策划方案及脚本，学习视频拍摄方法，做好总结和分析。	学徒可在师傅的指导下，先模仿指定视频作品练习拍摄方法，同步学习参与视频策划。
• 主图视频制作与测试	(1)检查、导入、剪辑素材。 (2)加入文案及字幕。 (3)文件测试。	学徒可从拍摄单一效果开始练习，熟练后根据脚本综合运用。

【业务知识】

一、主图常规要求

某平台网店商品主图要求见表 3-3-4。

表 3-3-4 某平台网店商品主图要求

主图类型	图片格式	尺寸	大小	数量	注意事项
1∶1 主图	PNG、JPG、JPEG 格式	宽高 800×800 像素	小于 3 M	上限 5 张	(1)第一张必须上传，其余四张选填。 (2)GIF 动态主图还在内测中，暂未全量放开使用。 (3)主要展示在详情、搜索、直通车。
3∶4 主图	PNG、JPG、JPEG 格式	宽高 750×1 000 像素	小于 3 M	上限 5 张	(1)上传了 3∶4 的主图视频，必须上传 3∶4 的主图。 (2)设置 3∶4 主图后，详情页将不显示 1∶1 的主图。 (3)主要展示在手淘推荐、详情、微详情、搜索。
9∶16 主图	PNG、JPG、JPEG 格式	宽高 900×1 600 像素	小于 3 M	上限 5 张	(1)内测中，未全量开放。 (2)上传了 9∶16 的主图视频，不强制上传 9∶16 的主图(建议尺寸保持一致)。 (3)主要展示在手淘推荐、详情、微详情。

二、主图策划

主图策划要点见表 3-3-5。

表 3-3-5 主图策划要点

主图 1：突出核心卖点
主体信息：商品展示完整、品牌清晰、商品卖点突出。 配色：突出商品，配色协调，与店铺商品风格一致。 文案：点明核心卖点，用不同字号体现信息层次。 场景：利于商品展示或应用场景。
主图 2~5：多维度展示卖点细节、突出场景化、活动信息
主体信息：商品展示完整、品牌清晰、商品卖点突出。 配色：与主图 1 配色一致。 文案：侧重不同细节、功能、卖点。 场景：最大化展示商品应用场景。

三、主图制作与测试

1. 素材准备

完整商品展示图、产品细节图、模特或场景图等、文字素材。

2. 常用技能

图片文件的基本操作，自由变换、文字工具、填充工具、图层基本操作等。

3. 测试方法

(1)“牛皮癣”检测。主图“牛皮癣”是指商品主图除了商品主体之外，其他贴图和文案都称为“牛皮癣”，主要有以下几种情况：

①字占幅过大，超过整个图片的 1/3。

②图片上包含外部链接。

③横幅式宣传。

④文字内容与商品无关。

⑤其他平台宣传。

⑥模仿官方氛围图、栏目频道图和工具按钮。

以淘宝网为例，主图“牛皮癣”被判定成立后会下架商品，同时商品降权 3 天处理。

(2)AB 主图测试。当主图设计有 2 个及以上版本时，可以使用主图测试软件，将评估结果较好的一款作为商品发布的主图。

【业务经验】

1. 如何对接素材拍摄需求?

好的商品素材是高效、高质量完成店铺图片处理的基础,当我们有拍摄需要时,可以提前制订商品拍摄计划,明确需要拍摄的商品项目、拍摄内容、模特及场景、数量、拍摄要求与重点,以此来确定拍摄需要用到的器材、所需时间及人员等。表 3-3-6 为特色糕点商品拍摄任务表。

表 3-3-6 特色糕点商品拍摄任务表

项目	内容	模特、场景等	数量(张)
主要大图(全景)	俯拍(90°、45°)	棚内、工作台	3
角度变化图(中近景)	斜侧面、侧面、背面	棚内、工作台、实物台	3
细节特写图(外)	商标、切面	棚内、工作台	3
款式花色图	3 种款式	棚内、工作台	3
外装外观图	普通包装、放在包装盒内	棚内、工作台	3
具体要求与拍摄重点: (一)拍摄要求 1. 要表现出糕点的精美包装和色彩,集中表现不同糕点的形状和质感。 2. 90°垂直俯拍,拍摄大图主图。 3. 45°高角度俯拍为主,平角度拍摄为辅,拍摄近景和局部画面。 4. 造型上用鲜花、茶杯等陪衬糕点,尝试不同摆放效果。 5. 背景干净,以淡色为佳。 (二)拍摄重点 分析商品,参考同类商品宣传样照和页面展示效果。			
拍摄器材: 1. 单反相机、变焦镜头、配套三脚架。 2. 大型闪光灯、柔光罩、白色反光板、背景布(纸)。 3. 仿真鲜花、白色磁盘、台面浅花篮、托盘、茶杯、牛奶等。			

2. 如何避免商品宣传违规?

商品宣传、推广是网店运营人员的工作之一,为了合法合规地推广商品,网店运营、营销人员都需要熟知《中华人民共和国广告法》(简称《广告法》)相关内容,尤其是广告内容准则和广告行为规范,并严格贯彻执行。

【工作任务实施记录与评价】

1. 主图策划方案

师傅指导记录	问题及建议	评价成绩
		日期：

2. 主图制作与测试

序号	任务内容	师傅指导记录	任务质量评价	评价成绩
1	主图制作			
2	主图测试			日期：

任务思考：

3. 主图视频策划方案

(1) 主图视频策划表

视频系列		视频编号	
视频名称			
视频类型			
视频主题			
视频内容			
制作要求			
素材准备			

分工

序号	负责项目	负责内容	责任人	完成日期

(2) 主图视频脚本

视频名称					
制作时间					
负责人					
镜头序号	时间（序列）	讲稿 / 解说词（字幕）	画面要求（表现手段）	素材	背景音乐 / 音效

4. 主图视频制作与测试

序号	任务内容	师傅指导记录	任务质量评价	评价成绩
1	主图视频制作			
2	主图视频测试			日期：

任务思考：

5. 学徒关键职业能力及职业品质、工匠精神评价

项目	A	B	C	D
工作态度				
吃苦耐劳				
团队协作				
沟通交流				
学习钻研				
认真负责				
诚实守信				

任务3 详情页优化

由于通过网络购物，消费者无法直接接触到商品，因此商品详情展示对于消费者了解商品、产生购买意向、点击转化率的影响非常大。在师傅的指导下，学徒需要掌握详情页策划、制作与测试技能。

【任务目标与质量要求】

在师傅的指导下，完成网店商品详情页策划，并学习使用制图软件或者AI制图工具完成详情页制作与测试。

【学习产出目标】

1. 熟知平台商品详情页的上传要求。
2. 根据产品属性特征和消费者需求，完成商品详情页策划。
3. 使用制图软件完成详情页的制作与测试。

【工作程序与方法要求】

工作程序	工作内容	要求
• 详情页策划	(1)根据品类中热销商品的详情页分析，结合消费者痛点和产品卖点，确定详情展示逻辑。 (2)确定每一模块展示要点。 (3)确定每一模块具体画面设计。 (4)讨论、完善。	学徒需要调研分析、整理出品类优质详情页的展示逻辑，在师傅的指导下，强化产品卖点展现与场景化拓展。
• 详情页制作与测试	(1)确认详情页的制作需求，整理所需素材，包括产品图片、场景或模特展示图片、字体文件、生产及资质佐证等。 (2)确定详情页整体风格，并制作素材。 (3)使用制图工具，完成每一模块图片制作。 (4)图片合成并测试。	初期可参照成熟模板，练习每一模块内容制作，例如海报、标签、售后、品牌文化等固定内容的设计与制作，形成自己可用的模板。

【业务知识】

商品详情页策划

商品详情页，是展示商品详细信息的一个页面，是承载着网站的大部分流量和订单的入口。表3-3-7为某女装详情页策划框架。

表 3-3-7　某女装详情页策划框架

逻辑模块	展现要点
模块一:商品海报	商品完整展示:简约大气,时尚海报,吸引关注
模块二:产品卖点	拼图模式、加深印象
模块三:产品展示	正面、背面、多颜色、搭配、尺码信息
模块四:细节展示	领口、拉链、面料、装饰等
模块五:品牌及资质	品牌文化、设计及加工资质
模块六:服务	洗涤说明、售后服务、物流服务

【业务经验】

AI 制图的优势和劣势

从 2015 年的“双十一”,阿里巴巴第一次尝试智能作图个性化推送开始,AI 制图进入大众视野。在此之前,大量的商品图片都是靠人工完成,阿里巴巴鹿班智能设计平台利用大数据和算法成为不断成长的人工智能平面视觉设计师。近年来,AI 制图工具层出不穷。

对于店铺而言,使用 AI 制图工具主要优势有:

(1)省时省力、效果好。我们上传素材,根据不同的需求,选择生成不同的效果图,作图效率大幅提高。

(2)资源多、选择丰富。依赖于大数据,AI 制图平台可以通过分析,提取爆款商品图片的要素点,加以分析,广泛应用于该品类设计,整体提升图片展现效果,不断扩大资源库,让商家有更丰富的选择。

(3)技术革新,越来越智能。随着技术的不断革新,人工智能可完成的工作任务范围越来越广、任务效果越来越好,由此,我们可得到的商品图片也会越来越贴合我们的需求。

与此同时,我们还需要注意保护我们对于店铺、商品独有的视觉设计的创造性,另一方面,对于注重品质的店铺来说,熟练的专业制图软件应用可以达到更极致的效果展现,从而更好地达到视觉设计的目标。

【工作任务实施记录与评价】

1. 详情页策划方案

师傅指导记录	问题及建议	评价成绩
		日期：

2. 详情页制作与测试

序号	任务内容	师傅指导记录	任务质量评价	评价成绩
1	详情页制作			
2	详情页测试			日期：

任务思考：

3. 学徒关键职业能力及职业品质、工匠精神评价

项目	A	B	C	D
工作态度				
吃苦耐劳				
团队协作				
沟通交流				
学习钻研				
认真负责				
诚实守信				

项目四
网店日常管理

【专业知识准备】

一、网店运营常用术语和定义

1. 页面浏览量(Page Views,PV)

页面浏览量是衡量一个网络新闻频道或网站流量最常用的指标之一,在网店运营中指店铺各页面被查看的次数,用户多次打开或刷新同一个页面,该指标值累加。

2. 独立访客数(Unique Visitor,UV)

独立访客数是指某站点被多少台电脑访问过,以用户电脑的 Cookie 作为统计依据,1 天 24 小时之内相同的客户端只被计算 1 次。在不同情况下可能使用设备数、IP 地址、Cookie 综合计算,进行统计。

3. 访问次数(Visit View,VV)

访问次数指访客完整打开了网站页面进行访问的次数。访问次数是网站访问速度的衡量标准。如果访问次数明显少于访客数,就说明很多用户在没有完全打开网页时就将网页关闭了。

4. 跳失率

跳失率是指显示访客通过相应入口进入,只访问了一个页面就离开的访问次数占该页面总访问次数的比例。计算公式:

跳失率 = 只浏览一个页面就离开的访问次数 ÷ 该页面的全部访问次数

5. 日活跃用户数量(Daily Active User,DAU)

日活跃用户数量是用于反映网站、互联网应用或网络游戏的运营情况的统计指标。日活跃用户数量通常统计一日(统计日)之内,登录或使用了某个产品的用户数,其中去除重复登录的用户。受统计方式限制,互联网行业使用的日均活跃用户数指在统计周期内,该产品的每日活跃用户数的平均值。

6. 七天内登录过产品的用户数(Weekly Active Users,WAU)

统计 7 天之内,登录或使用了某个产品的用户数,其中去除重复登录的用户。

7. 月活跃用户数量(Monthly Active Users,MAU)

统计一个月之内,登录或使用了某个产品的用户数,其中去除重复登录的用户。

8. 搜索引擎优化(Search Engine Optimization,SEO)

搜索引擎优化是指企业利用搜索引擎的规则提高网站在有关搜索引擎内的自然排名。在网店运营中,通常表现为运营人员利用电商平台搜索引擎的规则,优化商品标题、属性等信息,提升商品在电商平台中的自然搜索排名,达到免费引流的目的。

9. 搜索引擎营销(Search Engine Marketing,SEM)

搜索引擎营销是指企业根据用户使用搜索引擎的习惯,通过搜索引擎付费推广,尽可能将营销信息传递给目标用户的营销活动。在网店运营中,店铺通过对商品标题优化,挑选出部分关键词,结合付费推广竞价,制定出精确的竞价关键词和优秀的创意内容,给店铺带来更多的订单。

10. 信息流广告

信息流广告是位于社交媒体用户的好友动态、资讯媒体或者视听媒体内容流中的广告。主要形式有图片、图文、视频等,特点是算法推荐、原生体验,可以通过标签进行定向投放,根据自己的需求选择推曝光、落地页或者应用下载等,最后的效果取决于创意 + 定向 + 竞价三个关键因素。

11. 按点击收费(Cost Per Click,CPC)

即每次点击付费的广告投放计价方式,常用于信息流推广,投放引流。

12. 千人成本(Cost Per Thousand Impressions,CPM)

千人成本是按展示付费的广告投放计价方式,常用于信息流推广,投放引流。

13. 投资回报率(Return On Investment,ROI)

投资回报率是指企业从一项投资性商业活动的投资中得到的经济回报,是衡量一个企业盈利状况所使用的比率,也是衡量一个企业经营效果和效率的一项综合性的指标。计算公式:

$$投资回报率 = 利润总额 \div 投资总额 \times 100\%$$

14. 商品交易总额(Gross Merchandise Volume,GMV)

商品交易总额是一定时间段内的成交总额。多用于电商行业,一般包含拍下未支付订单金额。

二、网店运营常用理论及方法

1. 营销漏斗模型

又称为搜索营销效果转化漏斗,漏斗的五层对应了店铺搜索营销的各个环节,反映了从展现、点击、访问、咨询,直到生成订单过程中的客户数量及流失量。从最大的展现量到最小的订单量,这个一层层缩小的过程表示不断有客户因为各种原因离开,对商品失去兴趣或放弃购买。

模型重点在于量化了营销过程各个环节的效率,帮助店铺找到运营的薄弱环节。

2. 消费者决策过程模型

对于消费者购买决策有不同的描述过程，AIDMA 模型是消费者行为学领域很成熟的理论模型之一，该理论认为，消费者从不知情者变为被动了解者再变为主动了解者，最后由被动购买者变为主动购买者的过程，会经历 5 个阶段：

A（Attention） 指引起注意，即商家采用广告、软文等各种方式引起消费者的注意，让消费者在不知不觉中获得商品信息。

I（Interest） 指引起兴趣，主要通过商品讲解、使用展示等方式，让消费者进一步了解商品，让其对商品产生兴趣，在此阶段消费者属于被动了解者。

D（Desire） 指唤起欲望，商家继续扩大商品场景化和体验感推广，增加消费者代入感，唤起购买欲，当消费者开始关注商品功能、对商品提出疑问，表示消费者已经成为主动了解者。

M（Memory） 指留下记忆，当消费者购买意愿和欲望不断增加，即到了商品实际考察阶段，通常消费者会对同类型商品进行“货比三家”，记忆中留下最深印象的那家是最有希望与消费者达成交易的一方。但是如果消费者的经济能力小于消费欲望时，很多时候会把对该商品的消费欲望压制，故此阶段，消费者仍属于被动购买者。

A（Action） 指购买行动，当消费者的经济能力足够负担并有强烈的消费欲望时，才会采取购买行为以采购其心仪的商品，此时消费者变为主动购买者。

随着市场的不断变化，很多学者为消费者决策过程 AIDMA 模型又增加了后续环节，即 S（Share）分享环节，在此阶段，商家给初次购买的消费者带来了愉快的商品或服务体验，消费者逐步发展为忠实客户，并愿意将购买心得和其他人分享。至此，在网络时代，商品销售进入了良性发展循环。

三、网店运营常用法律法规及平台规则

1.《中华人民共和国电子商务法》

《中华人民共和国电子商务法》（以下简称《电子商务法》）是我国第一部电商领域的综合法律，自 2019 年 1 月 1 日起施行。该法对于解决电子商务存在的突出问题，对规范买卖双方电子商务行为、促进电商发展具有重要意义。

2. 平台规则

平台规则，也称网络交易规则，是指提供交易平台服务的网络服务提供者制定的，普遍适用于任何利用该交易平台服务，从事相应的网络交易活动的自然人、法人、非法人组织等网络用户的规则。平台规则应不违反法律、行政法规的强制性规定，不违背公序良俗。

【典型案例】

不忘初心　收获幸福

小张 2008 年大学毕业后，在一家种业公司做销售，一做就是 5 年。从基层业务员到部门经理，他先后 4 年被评为公司销售状元。2013 年 10 月，小张创办了农业开发有限公司，开始艰苦创业。最初小张没有市场分析的意识，也没有品牌意识，就是到农户家收购各类农产品，

进行初包装，然后通过快递发出去，经常忙到凌晨两三点钟。2014 年的“双十一”，公司单日销售苹果 510 单，由于对消费者地域与运输时间分析的不足，加上“双十一”货物滞留，苹果近半个月才到客户手里，出现大范围破损、腐烂。退货和投诉接踵而至。虽然小张心情低落到极点，但他依旧决定：损坏的苹果全部赔偿，愿意接受重新发货的客户立刻安排重发，不愿意接受重发的按价赔偿。那一次，他亏损了 2 万余元，但他的诚信也赢得了很多客户的支持和认可，订单开始日渐增多。

2015 年，小张的公司开始尝试销售新疆干鲜水果、农副产品及高档礼品，以“线上 + 线下”模式，将新疆优质农产品销往全国各地。他虚心向同行学习，创新销售模式，让企业品牌迅速有了知名度，同时带动 100 余户果农共同致富，为果农增加种植收益 60 余万元。

典型案例感想：

【思政园地】

党的二十大报告提出，要坚持城乡融合发展，畅通城乡要素流动。县域商业扎根在农村，服务着县域范围内 7 亿多人的生产生活和就业；县域商业联通城乡，是城乡商品、服务和生产要素流通的重要渠道和载体。中央一号文件对这项工作进行了部署。过去几年，商务部会同有关部门积极推进县域商业体系建设，着力改善农村消费环境，提高服务品质，取得了初步成效。主要体现在四个方面：

一是持续完善商业网络。2022 年，改造县城综合商贸服务中心 983 个、乡镇“大集”和商贸中心 3 941 个。网点改造突出“改设施、不改传统”，尽量保留农村赶集的特色和底蕴。

二是不断提速物流配送。建设县级物流配送中心 506 个、乡镇快递物流站点 650 个。95% 的行政村实现了快递直达。目前，超过 1/3 的县快递当天就能从县城送到村里。

三是大力发展直播电商。直播带货已经成为农民创业增收的好帮手。去年全国农村网商（网店）达到 1 730.3 万家，同比增长 6.2%。其中直播电商就有 573.2 万家，占 33.1%。

四是提升农产品流通效能。升级改造890家农产品批发市场、农贸市场，新增冷库库容96万吨，农产品产销衔接更加紧密，流通更加高效顺畅。

近几年，农村的流通体系、商业设施、消费环境都得到了很大改善，但是，也还有一些不足。从基础设施上看，有些地区商业网点较为分散，物流配送成本仍然较高，需要进一步整合优化。从商品和服务供给看，商品档次往往不高，服务功能相对单一。从市场主体看，多是家庭作坊，经营方式传统，和城市比起来，数字化、连锁化水平相对较低。从市场需求看，不少村庄人口外出就业，留守的多是老人和孩子，连锁商业企业下沉投资动力不足。

下一步，商务部将深入贯彻党的二十大精神，按照中央一号文件部署，坚持问题导向，补齐县域商业发展短板，以渠道下沉为主线，推动农村消费进一步恢复和扩大，更好助力乡村振兴。

一是深入实施“县域商业三年行动计划”。加快总结前期工作经验并复制推广，争取到2025年在具备条件的县，基本建立较为完善的县乡村商业体系，更好满足农村群众的生产生活需要。

二是加快改善农村消费环境，坚持市场化原则，发挥财政资金引导作用。改造升级一批“乡镇大集”、农村新型便利店，健全县乡村物流配送体系，发展即时零售、共同配送等新模式，创新消费场景，激发消费潜力。

三是推动农村电商高质量发展。顺应数字经济发展趋势，发展直播电商，培育农产品品牌，带动农产品上行和农民增收。

四是培育一批县域商业典型标杆。因地制宜、探索创新，调动地方、企业和群众的积极性，打造一批县域商业典型，发挥示范引领作用。

任务1　店铺日常巡查

作为初级网店运营工作人员，店铺日常巡查既是我们每天的例行工作，更是了解店铺运营基本情况、发现问题的重要环节。在师傅的带领下，每日进行网店运营数据巡查并开展定期或者不定期店铺抽查，分析店铺昨日各项运营工作是否正常开展，哪些指标异常需要立即处理，哪些指标变化甚至异常是过渡性或结构性问题，为店铺良性运营，后期网店运营主管独立管店奠定认知基础。

【任务目标与质量要求】

在师傅的带领下，熟悉网店运营后台管理系统，了解网店运营巡查数据指标，后期可根据店铺巡查实际需要有针对性地调整巡查核心指标和巡查频率；开展定期或者不定期网店抽查，以消费者视角对店铺展示、商品描述、客户服务、物流服务等方面进行检查，关注网店日常运营情况，确保运营各环节良性发展。

【学习产出目标】

1. 熟知网店运营数据指标。
2. 熟练掌握网店运营后台管理系统采集数据的方法。
3. 根据网店运营实际需要，开展每日巡查。
4. 根据网店运营实际需要，开展定期或者不定期抽查。

【工作程序与方法要求】

工作程序	工作内容	要求
• 熟悉网店运营后台管理系统	(1)打开店铺运营后台管理系统，使用运营主账号登录。 (2)查看本店店铺的数据查询位置，了解所有店铺数据指标，在师傅的指导下，选定核心指标。	确定店铺所在平台，用主账号进行平台数据检索。
• 巡查店铺运营数据	在初级网店运营人员每日店铺巡查过程中，需要重点关注核心指标： (1)店铺运营、销售数据。 (2)店铺评价、物流数据。 (3)店铺异常数据。	在师傅的指导下，对店铺核心指标进行巡查，记录异常的数据项目，向师傅请教处理方式。

工作程序	工作内容	要求
·店铺抽查	根据店铺的实际抽查惯例开展店铺抽查，如果店铺没有固定的店铺抽查计划，可以选择在大型活动或者新品上线期间安排抽查。 (1)不同端口页面显示、响应等情况。 (2)以“消费者”角色体验完整浏览、咨询、购物、评价环节，对各环节进行分析反馈。	按照抽查项目逐一完成。建议电脑(PC)端使用3～5个主流浏览器进行页面显示、响应测试；手机端使用主流系统进行测试。

【业务知识】

常用的电子商务平台数据工具

主流电商平台大多数提供平台数据分析工具，这些数据工具为所在平台商家提供统一的数据参照标准，数据易读易懂，降低商家看数据的门槛，多渠道数据集成，数据更全面。例如，淘宝平台的生意参谋、京东对应的京东商智、拼多多的多多情报通等。

1. 生意参谋

生意参谋集数据作战室、市场行情、装修分析、来源分析、竞争情报等数据产品于一体，是商家统一数据产品平台，也是大数据时代下赋能商家的重要平台。

2. 京东商智

京东商智是京东向第三方商家提供数据服务的产品。多渠道展现实时与历史两个视角下，店铺与行业两个范畴内的流量、销量、客户、商品等全维度的电商数据。并提供购物车营销、精准客户营销等工具，基于数据从而协助商家提升店铺销售业绩。

3. 多多情报通

多多情报通是一款拼多多的大数据分析软件，拥有销量解析、选款选词、查排名、关键词卡位、引流关键词、直通车分析等多种功能，能够一站式辅助商家数据化运营。由第三方企业开发。

当然，市场上还有其他相关的第三方数据工具，作为新手，我们可以根据自己的需求进行选择，需要注意数据使用时重在参考，不轻信。

【业务经验】

一、页面检查与更新

1. 淘宝店铺需要检查的页面

按照浏览终端主要分为PC端、无线端；按照页面分类主要有首页、分类页、商品详情页、专题页等。

2. 检查内容

(1)主要页面布局排版是否正常。

(2)链接是否正确。

(3)显示图文、内容、视频是否清晰、无误。

(4)营销活动是否失效、是否需要更新。

(5)无线端页面是否同步更新。

3. 检测方法

电脑端使用主流浏览器分别进行浏览、点击,检查页面不同浏览器的兼容性。

无线端使用不同系统终端进入店铺页面进行检测。

同时也可以是使用辅助页面检测工具同步检查,综合参考,提高检查效率。

二、网店运营常见法律问题

电商平台开网店的商家在运营中常见如下一些法律问题。

1. 开网店需要办理什么证照?

开网店行为对应《电子商务法》第九条,“本法所称平台内经营者,是指通过电子商务平台销售商品或者提供服务的电子商务经营者。”

依据第十条、第十二条具体规定,“应当依法办理市场主体登记。但是,个人销售自产农副产品、家庭手工业产品,个人利用自己的技能从事依法无须取得许可的便民劳务活动和零星小额交易活动,以及依照法律、行政法规不需要进行登记的除外。”“电子商务经营者从事经营活动,依法需要取得相关行政许可的,应当依法取得行政许可。”

2. 电子商务经营者有哪些义务?

根据《电子商务法》第五条,“电子商务经营者从事经营活动,应当遵循自愿、平等、公平、诚信的原则,遵守法律和商业道德,公平参与市场竞争,履行消费者权益保护、环境保护、知识产权保护、网络安全与个人信息保护等方面的义务,承担产品和服务质量责任,接受政府和社会的监督。”

3. 刷单行为是否违法?

刷单行为属于违法行为,根据《电子商务法》第十七条,“电子商务经营者应当全面、真实、准确、及时地披露商品或者服务信息,保障消费者的知情权和选择权。电子商务经营者不得以虚构交易、编造用户评价等方式进行虚假或者引人误解的商业宣传,欺骗、误导消费者。”

4. 物流破损、快递丢失等运输风险谁来担责?

根据《电子商务法》第二十条,“电子商务经营者应当按照承诺或者与消费者约定的方式、时限向消费者交付商品或者服务,并承担商品运输中的风险和责任。但是,消费者另行选择快递物流服务提供者的除外。”

【工作任务实施记录与评价】

1. 本店日常运营数据巡查

可根据店铺实际情况确定巡查重点指标和巡查频率。

(1)店铺运营数据

时间	浏览量	访客数	加购人数	支付买家数	支付转化率	客单价	支付金额
昨日							

(2)店铺财务数据

店铺财务数据为每日办结,按月核算。

时间	在途订单数	在途订单金额	总收入	总支出
昨日				

(3)店铺营销数据

按点击付费(CPC)推广项目

时间	账户余额	推广花费	推广展现量	推广点击量	推广点击转化率	推广成交金额	推广投入产出比
昨日							

按照千人成本(CPM)推广项目

时间	账户余额	推广展现量	推广点击量	推广花费
昨日				

(4)店铺评价数据

时间	待回复评价	180 日负面反馈数	已举报评价数
昨日			

(5)店铺物流数据

时间	派签超时	快递反馈异常	物流异常
昨日			

近 7 日物流数据

时间	物流 DSR	揽收包裹	发货包裹	签收包裹
近 7 日				

(6)店铺货源数据

时间	进货待发货	进货待付款	进货待收货	进货退换货

(7)店铺客服数据

时间	昨日 3 分钟响应率	客户满意度
昨日		

(8)店铺内容数据

时间	昨日内容引导访客	昨日内容种草成交
昨日		

(9)店铺其他数据

时间	待处理投诉	违规	商品预警	其他
昨日				

2. 店铺抽查

店铺可安排定期或者不定期抽查,全面了解店铺显示及响应等情况。

登陆端口	□PC 端　□手机端　□其他	使用设备 / 系统	
抽查项目	抽查内容		抽查记录
首页	1. 首页链接是否正确; 2. 页面响应时间; 3. 页面布局、显示内容等是否清晰、美观、正确; 4. 二级页面跳转链接是否正确。		
类目	1. 类目显示是否正确; 2. 类目内容是否正确。		
商品详情页	1. 商品标题、价格、属性、主图、详情图文内容等是否正确、合规; 2. 详情页主图短视频、详情页短视频是否可以正常播放; 3. 商品评价是否及时回复。		
购物体验	1. 客服响应时间; 2. 客服服务态度; 3. 订单确认环节完整; 4. 收货时间; 5. 物流服务态度; 6. 商品符合描述。		
抽查人			

3. 任务评价

序号	任务内容	师傅指导记录	任务质量评价	评价成绩
1	本店日常运营数据巡查			
2	店铺抽查			日期：

任务思考：

4. 学徒关键职业能力及职业品质、工匠精神评价

项目	A	B	C	D
工作态度				
吃苦耐劳				
团队协作				
沟通交流				
学习钻研				
认真负责				
诚实守信				

任务 2　店铺日常管理

店铺的日常管理是初级网店运营工作人员的基础工作,需要在师傅的指导下,完成日常商品发布、上下架、商品优化、订单处理、对接物流、客服等相关业务。积累运营经验,了解不同类目和平台的基本运营规则、管理方式,为后续网店运营持续发展做准备。

【任务目标与质量要求】

在师傅的指导下,按照店铺运营规划,发布新品;完成店铺商品优化、订单处理等操作,初步掌握单品运营思路和方法。

【学习产出目标】

1. 熟知店铺所在平台规则。
2. 了解单品运营思路和方法。
3. 完成商品发布、商品优化、订单处理、物流处理和单品运营业务处理与操作。

【工作程序与方法要求】

工作程序	工作内容	要求
·店铺商品管理	根据店铺的品类特征,做好商品日常的管理工作,主要工作: (1)发布商品,由于市场需求与技术的不断迭代,商品的更新频次大幅提升,店铺需要紧跟市场需求,不断挖掘潜力商品。工作要点: ①撰写商品标题,关键词涵盖完整,具有一定引流效果。 ②制作商品模板,为了方便店铺同类商品的快速发布,可将同类型的内容保存为模板,在发布近似商品的时候选择用模板,不需要重复操作。 (2)优化商品 ①对于已上架商品,可以查看信息质量分数,如分数未达到预期,可以点击分数下方的“去优化”标签,按照提示完善商品信息,提升商品的信息质量。 ②点击商品列表上方“优化商品”标签,了解商品的浏览量、访客数、加购量、问题项等数据,有针对性地开展商品优化。 (3)单品运营: ①按照单品的款式、数量和每月上架波段,制订单品规划。 ②按照品类产品的生命周期规律,制订单品从上架到退出的每阶段运营策略。 ③跟踪单品的运营数据,及时调整推广和库存策略。	发布商品信息完整、准确,商品信息质量分不低于 95 分;建立关键词词库,动态更新。 优化商品信息,保证商品信息质量分为 100 分,及时解决商品问题项。 在师傅的指导下完成单品运营,至少将单品从新品期打造至日常款,如产品生命周期较长,可跟进其他单品的不同发展阶段。

工作程序	工作内容	要求
•店铺订单处理	(1)核对待发货订单信息,对接物流、仓储等部门,完成发货,重点关注“发货即将超时订单”的对接,如遇特殊情况无法发货,需及时和买家联系,协商解决。 (2)退款管理: ①核查申请退款订单,按照退款标准处理售后订单。 ②设置自动退款工具,了解平台最新退款规则和工具,按照规则进行“未发货秒退”“智能托管自动退”等工具设置。 ③其他平台退款相关管理与设置,结合店铺交易管理的实际需要,设置相关管理项目。 (3)评价管理,回复买家评价或对接客服共同回复。	快速、准确、独立地完成日常订单处理;在师傅指导下完成问题订单、退款处理,应与客户、各部门妥善沟通,保证订单处理时效和好评度。
•店铺物流管理	(1)根据销售订单生成物流订单。重点关注发货时效订单,例如,24 小时未发货订单、48 小时未发货订单预警。 (2)物流基础设置及工具使用。在平台物流管理系统定期更新运费模板、发货及退货地址库等信息;可使用“物流追踪信息”“打单工具”等物流工具,提高订单管理效率。 (3)包裹监控。关注包裹的异常数据,及时与仓储、配送等部门或企业对接,避免物流服务降级。	准确、独立地完成日常物流订单生成、包裹监控,如遇数据异常,在师傅的指导下与相关部门对接处理。

【业务知识】

一、网店运营管理系统认知

在我们成功开设店铺之后,就可以登录网店后台进行学习和操作了,以淘宝网为例。

1. 登录网店运营管理系统

商家可以通过网页、手机 App 和电脑客户端等方式登录所在网店运营管理系统,工作台集成店铺日常管理、平台营销、推广、数据等功能,并提供平台信息查询和基础操作学习内容等。

2. 网店运营系统使用学习

关于店铺管理过程中工作台使用的知识性问题,可以通过千牛工作台问题关键字搜索、淘宝商家服务大厅知识库搜索,如果问题没有解决,还可以在工作台应用的阿里万象中在线提问、人工咨询。

3. 网店日常运营常用术语

(1)商品模板是为了方便店铺同类商品的快速发布,可将同类型的内容保存为模板,在发布近似商品的时候选择用模板,则不需要重复操作,目前功能仅在 PC 端官方发布工具中应用。

(2)商品信息质量分是一套平台对商家商品信息建立的评估体系。平台深度分析消费者搜索和决策偏好，根据商品信息的填写情况计算分数，代表商品本身填写信息的质量。分数越高，越有机会获得更多搜索和免费推荐流量，能被更多消费者看见、吸引点击和下单。

(3) 商品优化是进行商品诊断和意见指导的官方工具；通过洞察消费者的搜索和决策偏好，智能高效地提升商品信息质量。高质量分的商品会更容易被搜索，被更多消费者看见、吸引点击和下单。

二、网店 SEO 优化

网店 SEO 优化一般包括标题优化、商品类目优化、详情页优化、相关性优化、权重优化等，以此来帮助网店获得更好的自然搜索排名和更多的平台推荐机会。

影响搜索排名的主要因素：

1. 描述质量

描述质量是指对网店中商品的标题、详情页等描述的质量。主要做到商品描述完整、准确，因为这些信息是客户购买决策的重要依据；详情页和主图清晰、美观，不但可以提高客户的购物体验，更有利于提升商品描述质量。

注意，平台严禁盗用其他卖家图片。

2. 相关性

相关性是指客户搜索关键词与网店要素之间的相关性匹配程度，即用户搜索关键词与店铺商品所属类目、商品标题、商品属性之间的相关性匹配程度。类目相关性主要做到不错放类目，否则商品将不被展示，甚至降权；标题相关性主要做到按照商品销售阶段做好标题优化策略。例如，爆款商品可以重点用行业热词进行引流，日常款重点优化属性关键词，新品或者滞销品重点优化长尾关键词等；属性相关性，主要做到完整、准确，避免错选属性值。

3. 服务质量

服务质量指店铺提供的服务能够满足客户需求的程度。平台通过店铺评分体系对卖家服务质量进行考核，以规范平台卖家服务水平。

4. 权重

权重对搜索排名有很大影响，在电商平台中，影响商品详情页搜索排名权重的为商品权重，主要影响因素由商品人气、商品产出和作弊处罚三个方面决定。

【业务经验】

一、网店运营商品优化策略

商品运营是网店运营的基础，不同平台、不同品类商品优化策略各有不同，可以按照平台具体规则和品类特点综合考虑制订商品优化策略。表 3-4-1 为某平台店铺商品优化策略。

表 3-4-1　某平台店铺商品优化策略

分类		素材类型	策略名称
60 分(引导建设违规行为)	平台	SKU	避免 SKU 作弊
			SKU 发货时效规范填写

续表 3-4-1

分类		素材类型	策略名称
60 分(引导建设违规行为)	平台	标题	品牌作弊
			导购标题质量不合格
		图片	避免主图质量不合格
			避免主图作弊
			避免类目错放
		属性	提升重要属性覆盖率和准确率
40 分(增加商品信息的完整性和丰富度)	平台	图片	提升丰富度:淘宝白底图、天猫透明素材图
			保证首图质量满足淘宝首页猜你喜欢透出标准
			提升 3∶4 主图供给
			提升 3∶4 视频供给
		SKU	保证热销款与主图款的一致性
			提升规格属性项准确性
			完成 SKU 点选设置
	食品	属性	SKU 相关产品准确关联
			SKU 营养成分表准确填写
		图片	食品卖点图
	服饰	吊牌	保证吊牌图与产品参数信息一致
		尺码	商品使用标准尺码销售规格
			尺码表准确填写
			设置尺码参照表
			设置模特表
		图片	设置服饰卖点图
			设置服饰搭配图
			使用高质量搭配图
	家装家居	模型	使用 3D 模型
			配置放我家
		图片	设置工艺头图
			设置材质头图

二、平台规则与常见违规

(一) 平台规则

平台规则是对平台用户增加基本义务或规范用户行使基本权利的条款。需要明确平台规则的法律、规范基础;适用对象和规则内容等。平台规则既是平台所有用户行为规范、权利义务的基本准则,又是建立良好网络平台生态系统的重要环节。

以淘宝平台为例,淘宝平台作为我国存在较早的第三方 C2C 平台,依托阿里生态,具有流量大、商品类别全面、业务发展革新速度快的特点。为更好地服务平台用户、更快更有效地解决平台用户问题，淘宝平台已发布 554 项历史规则，并形成了较为完善的淘宝平台规则体系。

其中，《淘宝平台规则总则》概述说明规则目的、对象等事项，后续分别对会员、卖家、其他平台角色的平台准入、管理、评价、退出做出了详细说明。

淘宝平台规则体系还从店铺管理、行业市场、商品管理、营销推广、内容推广、交易管理、争议处理、违规处理、生态角色、飞猪集市、临时公告、解读说明、规则动态、协议专区和历史规则分别细化说明。

（二）淘宝平台常见违规

1. 一般违规类型

淘宝店铺一般违规行为包括：

(1) 不当注册、未依法公开或更新营业执照信息。

(2) 存在虚假交易、店铺中滥发信息、宝贝的描述不符。

(3) 违背承诺、竞拍不买。

(4) 恶意骚扰、不当使用他人权利以及恶意评价。

2. 淘宝店铺严重违规的行为

(1) 发布违禁信息。

(2) 存在着泄露或者盗用他人信息，骗取他人财物。

(3) 扰乱市场秩序、不正当牟利、出售假冒商品、假冒材质成分。

(4) 店铺出售的进口商品未经报关、发布非约定商品。

3. 常见违规说明

(1) 发布禁售信息。《淘宝禁售商品管理规范》中构成一般违规行为的信息或商品：禁止发布商品与信息名录。

(2) 滥发信息。在商品页面发布(同一件产品在同一乱发情况中的违规次数)：第 1 次给予警告，第 2 次直接下架商品，第 3 次将商品下架并扣除 0.2 分，第 4 次直接删除商品并扣 2 分。

在店铺的装修页面发布：每次扣除 4 分，并且清除淘宝店铺装修，删除店铺，限制店铺装修 7 天或直接将店铺关闭。

乱发信息情况严重的：每次乱发信息扣 6 分，并直接将店铺当中的所有产品直接下架。

(3) 虚假交易。某一件产品涉嫌到虚假交易：这件产品将会降权 30 天，如果发生多次，降权时间将会进行滚动计算。

卖家第 1 次和第 2 次有虚假交易的行为如果违规交易的笔数没有达到 96 笔：仅对违规卖家的行为进行纠正不进行扣分，违规交易的笔数超过 96 笔：每次扣 12 分。

卖家的虚假交易行为超过 3 次：违规笔数没有超过 96 笔：一次扣 12 分；超过 96 笔的：每次扣 48 分，并将店铺当中的所有产品下架。

(4) 淘宝宝贝描述不符。

符合本规则当中描述不符的第 1 项情形所述内容：每次扣除 12 分。

违反总规则描述当中的第 2 项情形所述内容：每次扣除 6 分；女装 / 女士精品，手机，保健食品 / 膳食营养补充食品。

男装类目下，同一商品第 1 次下架，扣除 3 分，第 2 次或第 2 次以上的扣除 6 分。

【工作任务实施记录与评价】

1. 店铺商品管理

(1)发布商品

师傅指导记录	问题及建议	评价成绩
		日期:

(2)优化商品

师傅指导记录	问题及建议	评价成绩
		日期:

(3)新品运营

师傅指导记录	问题及建议	评价成绩
		日期:

2. 店铺订单管理

师傅指导记录	问题及建议	评价成绩
		日期:

3. 店铺物流管理

师傅指导记录	问题及建议	评价成绩
		日期:

4. 学徒关键职业能力及职业品质、工匠精神评价

项目	A	B	C	D
工作态度				
吃苦耐劳				
团队协作				
沟通交流				
学习钻研				
认真负责				
诚实守信				

任务3　店铺数据分析

店铺数据分析可以帮助初级网店运营工作人员形成系统的运营思维，需要在师傅的指导下，掌握本店数据，与行业数据对照，分析每一项数据的影响因素，为学徒进一步独立思考、分析、带领项目团队开展店铺运营打下基础。

【任务目标与质量要求】

在师傅的指导下，分析店铺层级、运营数据、服务数据、内容数据，结合店铺的运营目标和运营基础，提出店铺运营提升建议。

【学习产出目标】

1. 熟知网店的运营数据指标和分析方法。
2. 根据店铺的实际情况，开展店铺运营数据分析。

【工作程序与方法要求】

工作程序	工作内容	要求
·店铺层级诊断	(1)在师傅的引导下，了解店铺所在平台的店铺层级划分标准、权益影响。 (2)查看本店目前层级，对照层级提升方案，完成层级提升任务。 如果店铺排名在一段时间内连续下降，需要引起重视，查看排名下降原因，并有针对性地进行改善、调整。	店铺层级一般代表店铺在平台目前的成长阶段，学徒在完成店铺层级提升任务的同时，需要关注店铺内在实力提升，不要过度关注层级数据。
·店铺运营数据分析	(1)横向比较： ①店铺交易、流量、商品、推广、服务等五大主要项目的详细数据指标与同行同层平均、同行同层优秀数据作横向比较，找出本店薄弱环节。 ②解决店铺运营的实际问题，薄弱数据因素分析，提出针对性建议。 (2)纵向比较： ①店铺交易、流量、商品、推广、服务等五大主要项目的详细数据指标在近期不同时间点进行数据对比，沉淀店铺发展的阶段数据，找出店铺目前发展阶段的主要问题。 ②对比本品类优秀店铺发展阶段数据，分析本店发展待优化的项目，并提出建议。	横向比较重点了解本店在同行之中的水平；纵向比较重点了解店铺自身发展有哪些薄弱环节。 通过不同维度的比较分析，更加客观、科学地分析店铺目前运营情况。

工作程序	工作内容	要求
•店铺服务数据分析	服务良好的商家是电商平台良好口碑的支撑,同时为了给客户带来更好的购物体验,电商平台也会积极引导卖家提升服务质量,制订店铺服务评价体系。由买家购物后对卖家服务进行评价打分,主要有以下几方面: (1)描述相符。此项分数如果低于行业平均值,说明商品可能存在描述夸大、宣传内容与实际商品不相符等情况。 (2)卖家服务,此项分数如果低于行业平均值,客户服务响应时间、服务态度、解决问题的能力等方面有待提升。 (3)物流服务,此项分数如果低于行业平均值,可以从物流时效、包裹妥投率、物流配送服务态度等方面挖掘原因。	服务评价对于店铺而言不仅影响店铺的口碑,同时影响店铺引流、是否有活动报名资格等。因此,需要店铺以“消费者为中心”,不断提升服务质量,如果仅仅使用“好评返现”“好评有礼”等方式无法保证长期效果。
•内容数据分析	(1)直播,通过与竞店的直播粉丝数、引导访客数、种草成交金额进行对比分析,了解直播项目在本店内容推广中的优劣势。 (2)短视频,分析不同投放渠道、账号下的数据差异,调整店铺和商品推广的内容和渠道定位。 (3)图文,站内和站外同步推广,对比数据,持续优化更新。	以“消费者为中心”,不断提升服务质量,如果仅仅使用“好评返现”“好评有礼”等方式无法保证长期效果。

【业务知识】

一、数据分析的作用

（一）基本概念

1. 数据

数据就是数值,也就是我们通过观察、实验或计算得出的结果。数据有很多种,最简单的就是数字。数据也可以是文字、图像、声音等。数据可以用于科学研究、设计、查证等。

2. 电子商务数据

电子商务数据是企业进行电子商务活动时产生的行为数据和商业数据。

（二）电子商务数据分析的作用

电子商务相对于传统零售业来说,最大的特点就是一切都可以通过数据化来监控和改进。通过数据我们可以看到用户从哪里来,你投放的广告效率如何等问题,基于数据分析能够更精准、更科学地辅助企业发展。

（三）电子商务数据分类

1. 从数据方位来看

电子商务数据包括:行业数据和企业数据。

行业数据，一是企业在整个市场发展的相关数据，包括行业总销售额、行业增长率等行业发展数据，需求量变化、品牌偏好等市场需求数据，地域分布、职业等目标客户数据。二是能够揭示企业在行业中竞争力情况的数据，包括竞争对手的销售额、客单价等交易数据，活动形式、活动周期等营销活动数据，畅销商品、商品评价等商品运营数据。三是行业产品数据，包括产品在整个市场的数据，如行业产品搜索指数、行业产品交易指数等。

企业运营数据：一是企业在运营过程中产生的客户数据、推广数据、销售数据、供应链数据等。二是企业产品数据，包括产品在具体企业的数据，如新客点击量、重复购买率等产品获客能力数据，客单件、毛利率等产品盈利能力数据。

2. 从数据功能来看

电子商务数据主要包括：流量指标、客户指标、商品指标、营销活动指标等。

(1)流量指标：包含流量规模类指标、成本类指标、质量类指标和会员类指标等4个方面。即对访问网站或者店铺的访客进行分析，基于这些数据，可以对网页或者店铺进行改进，以及对访客的行为进行分析等。

(2)客户指标：包含客户指标、新客户指标和老客户指标3个部分。

这里主要是分析客户的价值，可以建立RFM价值模型，找出有价值的客户精准营销。

RFM模型包含客户分析的3个要素，即R(Recency)最近一次消费、F(Frequency)消费频率、M(Monetary)消费金额，是衡量客户价值与客户创利能力的重要工具和手段。在众多的客户关系管理的分析模型模式中被广泛应用。主要通过一个客户的近期购买行为、购买的总体频率以及花了多少钱三个指标来描述该客户的价值状况。

(3)商品指标：包含商品总数指标、商品优势性指标、品牌存量、上架和首发5个方面。

主要分析商品的种类。哪些商品卖得好，库存情况怎么样，以及可以建立关联模型分析哪些商品同时销售的概率比较高，而进行捆绑销售。

(4)营销活动指标：包含市场营销活动指标和广告投放指标。

主要监控某次活动给电商网站或店铺带来的效果以及监控广告的投放回报情况。

二、数据分析基础

（一）基础概念

1. 流量相关数据

总流量：全店流量，从不同通道、入口进入店铺流量的总计数。

自然流量：自然搜索入店流量，一般由产品自然排位主导，日常销售的主要来源。

PC流量：从PC端进店的流量。

无线流量：从无线端入店的流量，还可细分为手机端、无线平板端等。

免费流量：自然搜索、购物车、收藏夹、直接访问、免费活动或推广页面导流的流量。

付费流量：钻展、直通车、淘宝客、付费活动、直播等渠道入店的流量。

2. 人气相关数据

人气数值越高，手机端排序越高，影响系数可按60%计算，其余40%为复购与正常购买。

加购数：买家将店铺产品加入购物车的次数。

产品收藏数、店铺收藏数：买家将产品加入收藏夹的次数以及买家收藏店铺的次数。

3. 订单相关数据

总订单数:店铺订单数量总和。

下单人数:进入付款页面的购买行为即会形成订单,合并相同买家后的订单数量即为下单人数,最终完成付款的人数即为付款人数。

自然转化订单:通过自然搜索入店的订单。

付费推广订单、活动订单:钻展、直通车、淘宝客、付费活动等渠道形成的订单,为付费推广订单;免费平台活动形成的订单,为活动订单。

PC 订单:PC 端买家入店付款形成的订单。

无线订单:无线端买家入店付款形成的订单。

平均客单价计算方法为:平均客单价 = 总销售额 ÷ 总订单数。

复购订单:又称为老客户,即曾经购买过的客户再次购买。老客户,即购买次数大于 1 的客户。

4. 其他相关数据

总销售额计算方法为:总销售额 = 订单数 × 平均客单价。

推广成本:钻展、直通车、淘宝客、付费活动等推广方式带来的花费金额。

（二）数据来源

1. 平台数据工具

数据可以以店铺所在平台数据工具抓取,例如在淘宝平台开店,即可以使用生意参谋数据,京东平台使用京东商智,拼多多使用多多情报通等。

2. 第三方数据平台或软件

根据实际运营需要,还可以从第三方数据平台获取数据,例如,飞瓜数据、店侦探、淘数据、百度指数等。

（三）常用数据公式

(1)展现量 = 点击量 ÷ 点击率

(2)访客数 = 销售额 ÷ 转化率 ÷ 客单价

(3)销售额 = 访客数 × 客单价 × 转化率 = 客单价 × 支付买家数

(4)客单价 = 支付金额 ÷ 支付买家数

(5)转化率 = 支付买家数 ÷ 访客数

(6)成交人数 = 访客数 × 转化率

(7)利润率 = 利润 ÷ 营业额 = 利润 ÷(客单价 × 访客 × 转化率)= 利润 × 平均点击费用 ÷(客单价 × 转化率 × 直通车投放费用)

(8)直通车收费 = 下一名出价 × 下一名的质量得分 ÷ 自己的质量得分 + 0.01

(9)平均点击费用 = 项目推广总费用 ÷ 点击量

(10)UV 价值 = 销售额 ÷ 访客数

(11)展现价值 = 销售额 ÷ 展现量

(12)溢价后的出价 = 出价 ×(1 + 溢价比例)

最后,店铺还应该做好数据备份,形成店铺运营的数据库,为长期运营提供参考。

【业务经验】

一、网店如何规划成长升级？

电商平台为了服务商家、更好地成长，通常会通过平台规则、店铺评价体系、店铺成长体系的搭建，引导店铺行为，为店铺提供更好的发展平台。表 3-4-2 为某平台店铺商家成长不同层级权益对比表。

表 3-4-2　某平台店铺商家成长不同层级权益对比表

	Lv.1	Lv.4	Lv.8
核心商家权益	无	已达到淘宝核心商家必需的成长层级，当店铺同时满足其他资质时，即可提交申请。	已达到淘宝核心商家必需的成长层级，当店铺同时满足其他资质时，即可提交申请。
大促权益	大促活动至少可报名 3～10 款活动商品，符合报名条件即可报名，单个店铺可报名商品数量的上限依过往大促表现不同而有所不同。	大促活动至少可报名 11 款活动商品，符合报名条件即可报名，单个店铺可报名商品数量的上限依过往大促表现不同而有所不同。	大促活动可报名商品款数不限量，符合报名条件即可报名。
推广权益	①极速推：中小商家专属权益。 ②推广加油包：钻展投放计划上限达到 100 个＋直通车投放计划上限达到 8 个。 ③钻展特别权益：展现归因报表、创意排行榜、精细化定向能力。	①极速推：中小商家专属权益。 ②推广加油包：钻展投放计划上限达到 100 个＋直通车投放计划上限达到 8 个。 ③钻展特别权益：展现归因报表、创意排行榜、精细化定向能力。	①超级推荐限量版权限：短视频创意能力、再营销能力。 ②超级推广加油包：钻展投放计划上限达到 300 个＋20 个达摩盘人群同步直通车＋直通车投放计划上限达到 50 个。
数据权益	生意参谋标准包。	免费使用生意参谋市场洞察标准版 90 天（需要满足市场洞察开通条件）。	免费使用生意参谋市场洞察标准版（需要满足市场洞察开通条件），流量纵横专业版，品类罗盘专业版，数据作战室主店版，服务洞察专业版和物流洞察专业版
工具权益	店铺宝全店商品模板 10 个，店铺宝自选商品模板 10 个，店铺优惠券、商品优惠券、单品宝、搭配宝模板各 20 个。	①严选 4 家服务商提供客服机器人产品，并可领取每家 1 张满 5 000 元减 1 800 元优惠券。 ② 19.9 元即可购买价值 69 元官方标准化“单品人工专业诊断”服务，可多次购买。 ③严选 8 家短视频服务商提供官方标准短视频服务，并可领取每家 3 张 100 元无门槛优惠券，共计 2 400 元面额。 ④免费营销工具：店铺宝全店商品模板 10 个，店铺宝自选商品模板 30 个，店铺优惠券、商品优惠券、单品宝、搭配宝模板各 40 个。	①严选 4 家服务商提供客服机器人产品，并可领取每家 1 张满 10 000 元减 4 000 元优惠券。 ②严选 8 家短视频服务商提供官方标准短视频服务，并可领取每家 3 张 300 元无门槛优惠券，共计 7 200 元面额。 ③免费营销工具：店铺宝全店商品模板 10 个，店铺宝自选商品模板 90 个，店铺优惠券、商品优惠券、单品宝、搭配宝模板各 100 个。

续表 3-4-2

	Lv.1	Lv.4	Lv.8
资金权益	无	①信用贷款权益:整笔利率 9.5 折。 ②提前收款权益:2 万元免费额度	①信用贷款权益:整笔利率 8.5 折。 ②提前收款权益:5 万元免费额度
客服权益	智能辅助流量 150 UV/ 每月、全自动流量 100 UV/ 每月。	在"智能辅助流量 150UV/ 每月、全自动流量 100 UV/ 每月"基础上,额外赠送"智能辅助流量 1 500 UV、全自动流量 1 500 UV 共计 3 000 UV 流量"	在满足 Lv.8 的基础上,同时满足以下两个条件即可享受"质检培训专业版免费使用一年"的权益。 条件一:在 2021 年 8 月 23 日至今有在服务市场购买店小蜜专享畅用套餐。 条件二:在 2021 年 8 月 23 日至今未通过其他活动和方式享受过"质检培训专业版免费使用一年"的权益。

二、什么是网店动态评分?

商家提供好的产品和服务不仅会给消费者更加满意的消费体验,同时也能为平台带来更多更优质的流量,因此,各电商平台出台一系列评分体系,多维度规范商家行为,以淘宝网为例,使用店铺动态评分(DSR)体系。

1. 店铺动态评分体系定义

店铺动态评分体系(Detailed Seller Ratings,DSR),包括描述相符、服务态度、物流服务三项,均是五星制打分。

2. 评分计算

每项店铺动态评分 = 连续 6 个月内买家打出该项评分的分数总和 ÷ 连续 6 个月内买家打出该项评分的总次数,也就是说店铺动态评分统计的是最近 6 个月内的均值,是会持续更新的。

【例】 若店铺共有 20 个订单,每个订单为不同买家,操作店铺评分,其中对于"描述相符"项有 19 人打 5 分,1 人打 1 分。

则"描述相符"项动态评分 $=(19\times5+1\times1)\div(19+1)=4.8$ 分。

3. 注意事项

(1)每个自然月,相同买家、卖家之间交易,店铺评分仅计取前三次,计取时间以交易成功的时间为准。

(2)店铺评分仅能由买家在交易成功的 15 天内进行评价时打分。之后买家进行追加评价或修改或删除评价,都无法改变店铺评分。

(3)若买家没有进行主评,即使后续系统产生默认好评,也不会产生默认店铺评分。若买家未进行评价,后续追加评价,不会产生店铺评分。

(4)买家给出的信用评价与店铺评分无必然的应对关系,买家给出好评未必都给的是全 5 星的店铺评分。

三、如何撰写数据分析报告?

数据分析报告是根据数据分析原理和方法,运用数据来反映、研究和分析某项事物的现状,问题、原因、本质和规律,并得出结论,提出解决办法的一种分析应用文体。

1. 数据分析报告的作用

数据分析报告主要有三方面的作用:即展示分析结果、验证分析质量以及为决策者提供参考依据。

因此,分析报告实质上是一种沟通与交流的形式,主要目的是在于将分析结果、可行性建议及其他有价值的信息传递给其他人员。

验证分析质量方面来讲,分析报告也是整个数据分析项目的一个总结。通过报告中对数据分析的方法、结果处理分析等方面来验证数据分析的质量。

2. 数据分析报告原则

一份完整的数据分析报告,需要包含规范性、重要性、谨慎性和创新性等原则。

(1)规范性是说数据分析报告中所使用的名词术语一定要规范,标准统一,前后一致。要与业内公认的术语一致。

(2)重要性是指报告一定要体现数据分析的重点,在各项数据分析中,应该重点选取关键指标,科学地进行分析。

(3)谨慎性是指在编辑过程中一定要谨慎,基础数据必须真实完整。分析过程必须科学、合理、全面。

(4)创新性是指报告需要适时地引入一些新的研究模型或方法。一方面用结果来验证,另一方面可以让报告展现出全新成果。

3. 数据分析报告撰写

(1)数据分析报告格式,分为“总—分—总”的结构。

具体包含:标题、目录、前言、正文、结论与建议、附录。

标题,因为数据分析报告是一种应用性较强的文体,所以标题必须用毫不含糊的语言,直截了当地表达基本观点,加快读者对报告内容的理解。

目录,可以帮助读者有效地找到所需的内容,相当于数据分析的大纲,它可以体现出报告的分析思路,但目录也不要太过于详细,以免冗长耗时。

前言,包括分析背景、分析目的和分析思路等内容。

正文,是数据报告的核心部分,它将全面地表述分析的过程与结果。

结论与建议是报告的结尾部分,是对整个报告的综合与总结、深化与提高,是得出结论,提出建议,解决矛盾的关键所在,起着画龙点睛的作用,是整篇报告的总结,好的结尾可以帮助读者加深认识,明确主题,引起思考。

附录是数据分析报告的补充,不是必须存在的,但是可以根据各自的情况,决定是否在报告结尾处添加附录。

(2)数据分析报告撰写注意事项

①结构合理,逻辑清晰。

②实事求是,反映真相。

③用词准确,避免含糊。

④篇幅适宜,简洁有效。

⑤结合业务,分析合理。

【工作任务实施记录与评价】

1. 店铺层级诊断记录

可根据店铺所在平台的实际规则进行表格内容调整。

店铺所在行业		
店铺层级		
店铺层级优化建议		
项目	任务	完成情况

2. 店铺运营数据分析记录

可根据店铺运营数据分析的需要进行指标和内容调整。

运营项目	数据指标	本店	同行同层平均	同行同层优秀	数据分析
交易	支付金额				
	支付转化率				
	客单价				
	支付买家数				
	老买家复购率				
	支付老买家数				
	老买家支付金额				
	支付件数				
	支付子订单数				
流量	访客数				
	浏览量				
商品	加购人数				
	加购件数				
	商品收藏人数				
推广	万相台花费				
	直通车花费				
	引力魔方花费				
	淘宝客佣金				
服务	成功退款金额				

3. 店铺服务数据分析记录

描述相符评分	卖家服务评分		物流服务评分
退款率	成功退款笔数		成功退款金额
评价内容	评价条数	占比	处理分析
性价比相关评价			
商品相关评价			
包装相关评价			
服务相关评价			
物流相关评价			

4. 内容数据分析记录

内容形式	累计粉丝数	内容引导访客数	占比全店访客数	内容种草成交金额
直播				
短视频				
图文				

5. 任务评价表

序号	任务内容	师傅指导记录	任务质量评价	评价成绩
1	店铺层级诊断			
2	店铺运营数据分析			
3	店铺服务数据分析			日期：
4	内容数据分析			

任务思考：

6. 学徒关键职业能力及职业品质、工匠精神评价

项目	A	B	C	D
工作态度				
吃苦耐劳				
团队协作				
沟通交流				
学习钻研				
认真负责				
诚实守信				

项目五

营销活动管理

【专业知识准备】

一、数据处理

数据处理是指对采集到的数据进行加工整理，目的是从大量的、散乱的、难以理解的数据中抽取出对解决问题有价值的数据，并根据数据分析目标加工整理，形成适合数据分析的样式，以此保证数据的一致性和有效性，它是数据分析前必不可少的环节。

1. 数据清洗

数据清洗是指将数据表中多余的、重复的数据筛选出来并删除，将缺失、不完整的数据补充填补，将内容、格式错误的数据纠正或剔除的操作行为。数据清洗是对数据进行重新审查和校验的过程，目的在于提升数据的质量，确保数据的准确性、完整性和一致性。

数据清洗主要包括三个部分的内容：缺失值清洗、逻辑错误清洗以及无价值数据清洗。

2. 数据转化

数据转化是对数据的格式或结构进行转换，是数据处理的前期准备。数据转化包括数据表的行列互换、文本数据提炼等。

3. 数据排序

数据排序是数据处理中经常会用到的功能之一，通过排序，可以将数据按照一定的规律进行排列，以便于数据分析师浏览、查找、分析目标数据。

在 Excel 中，数据的排序方式主要有三种：简单排序、高级排序和自定义排序。默认情况下，Excel 会对数字进行升序或降序排列，对文本按首字母顺序排列。

4. 数据分析

数据分析是利用适当的分析方法及工具，对处理过的数据进行分析，提取有价值的信息，形成有效结论的过程。

开展数据分析工作，就会涉及数据分析的工具和方法的使用。一方面要熟悉常用的数据分析方法，如描述性统计分析、趋势分析、对比分析、频数分析、分组分析、平均分析、结构分析、交叉分析等等;另一方面要熟练掌握数据分析工具,便于进行一些专业的统计分析、数据建模等。常用的数据分析工具包括 Excel、SPSS、SAS、Python、R 语言等,其中 Excel 中涵盖了大部分数据的分析功能,能够有效地对数据进行整理、加工、统计、分析及呈现。通常掌握 Excel 的基础分析功能,就能解决大多数的数据分析问题。

5. 流量效果总结

利用数据分析后的结果,可以对店铺的流量情况进行分析。

二、客户分类

客户分析是汇总各种客户相关信息和数据来了解客户需求,分析客户特征,评估客户价值,从而为企业客户管理策略的制订、资源的优化配置提供参考的过程。

客户分类的维度主要有按购买地域划分、按购买数量划分、按购买状态划分、按购买行为划分、按客户属性划分等。

(一)客户特征分析

1. 客户特征分析的维度与指标

客户特征分析是从多个维度对客户进行分析,然后总结出客户全貌的过程。客户特征分析的常见维度有购买能力、购买次数、客户性别(男、女、不明)、客户年龄、客户地域、客户终端等,对客户特征进行归类分析,能够形成客户画像,帮助企业了解客户群体特征。

2. 客户特征分析的作用

对电子商务企业来说,进行客户特征分析能够让企业从整体上了解客户,结合客户特征,定位品牌形象、打造企业理念、确定经营策略。整体来看,客户特征分析的作用主要有三点:精准营销、助力产品销售、服务客户研究。

(二)客户特征分析的方法

1. 明确营销需求

客户特征分析最终要为营销服务,因此客户特征分析前,需要明确营销需求,在了解企业营销需求的前提下,选择合适的维度和指标展开分析,为企业提供有价值的客户特征分析结果,使企业利用有限的内部资源有针对性地展开营销活动,从而获得更多的目标客户。

电子商务企业在营销过程中,需要核心考虑的营销需求主要有四个:引流、转化、复购率、客单价。

2. 客户特征多维度分析

(1)客户地域与年龄分析。

(2)客户消费层级分析。

(3)客户性别分析。

(4)客户访问时间分析。

(三)客户特征分析结果应用

完成客户特征分析后,企业可以根据客户特征分析的结果,进行营销优化和产品结果优化。

1. 营销优化

电子商务企业做客户特征分析是为了让客户尽可能多地购买企业产品,企业可以在客户特征分析的基础上，进行推广、引流，在实际推广操作时，为客户推荐其更感兴趣的产品和营销内容，使企业流量和转化得到提升。

2. 产品结构优化

除了可以指导营销优化外，客户特征分析还可以指导企业产品结构优化，使原本的“上架什么客户购买什么”转变为“客户需要什么上架什么”。根据客户特征分析结果，企业可以优化产品定价和产品选择，推广更受客户青睐的产品，以提升企业产品销量。例如，通过客户特征分析了解到客户群的年龄特征、消费层级特征、性别特征等后，可以根据这些情况上架符合客户性别、年龄、消费层偏好的产品。

（四）设计客户标签

1. 客户标签的意义

添加客户标签目的是为客户分类。通过客户特征分析，企业能够了解客户的群体特征，但这些群体特征分属于不同的维度。例如，按性别划分有男性客户群、女性客户群，按消费层级分有高消费客户群、低消费客户群等。如何把这些不同维度的客户群进行归类，就需要为客户添加标签。

2. 客户标签设计

进行客户标签设计，首先需要将客户标签分类，客户标签分类能够将散乱的客户标签体系化，且各个标签之间又互有联系。在进行客户标签分类时，尽量遵守 MECE 原则（相互独立、完全穷尽），即尽量覆盖企业全部客户但又不交叉。

此外，客户标签分类还可以按数据时效性，将标签归类为静态属性标签和动态属性标签；按数据提取维度，将客户标签归类为事实标签、模型标签和预测标签。企业在进行客户标签设计时，可以选择合适的分类形式对客户标签进行归类和设计。

三、营销工具

营销工具是指店铺内由商家自行设置的营销活动，如优惠券、满减活动等，通过设置店铺营销活动可以吸引或刺激消费者购买店铺产品，从而提升店铺的销售额和转化率。以淘宝平台为例，店铺营销的方式有优惠券、淘金币、满减和天天特卖等。

【典型案例】

悲情营销　自食苦果

违法事实：2021 年 8 月，一些主播、网红在直播或者短视频中，声称当地石榴滞销、卖不出去。在一段短视频中，一名 80 多岁头发花白的老大爷步履蹒跚地挑着两桶水，画面配文写道：“80 多岁的老爷爷种了很多又大又甜的石榴，但今年没有人来收购，很多已经裂了，只能当肥料了……”画面中，地上有一些裂开的石榴，同时配上一段悲伤带着哭腔的声音。

当地的网友及果农看到视频后，向相关部门进行举报。多部门组成联合执法组进行核查发现，视频中的老人确实存在，但是短视频中的画面、声音是拼凑制作的，老人也没有说过视频中的话，文字上的表述与事实不符，当地石榴并不存在滞销。

后来，联合执法组人员找到直播达人 A。其坦言，卖惨主要是为引起网友同情而下单，以此获利。对此,联合执法组将涉嫌卖惨带货的5个严重违规的账号进行永久封禁和永久关闭电商权限的处理,对18个违规账号进行扣除信用分处理。

同时,针对网络上出现的“卖惨”式营销、“悲情”式带货,从2021年9月开始,当地市场监管局等5部门联合开展网络市场“卖惨”营销等虚假助农信息专项整治,把多个当地农特产品作为品牌保护重点。

典型案例感想:

【思政园地】

党的二十大报告提出,加快发展数字经济,促进数字经济和实体经济深度融合。

随着新一代数字技术的突破创新、消费者需求和行为模式的变化,推动电子商务行业从传统电商向“新电商”升级,新业态新模式不断涌现,技术层面的广泛渗透和应用层面的深度融合,催生出社交电商、直播电商、兴趣电商、信任电商、共享经济、反向定制等新模式。

人、货、场是零售商业永恒的三大核心要素,所有交易行为和商业模式变革,本质上都是通过重塑“人”“货”“场”之间的关系,推动交易向更高效、更低成本的目标演进。

数字经济、电子商务领域法律法规监管逐渐完善,为新电商发展提供了越来越规范的市场环境,不断激发新电商的活力。

任务1　流量分析

在师傅的带领下，分析店铺近期的流量数据，通过Excel的操作，完成店铺流量数据分析工作，掌握店铺流量数据分析的步骤。

【任务目标与质量要求】

根据店铺的流量数据分析结果，了解店铺的流量来源情况，为网店运营的未来发展确定方向。

【学习产出目标】

1. 熟练掌握Excel的操作。
2. 了解店铺的流量来源。
3. 对网店流量进行分析，确定网店未来的发展方向。

【工作程序与方法要求】

工作程序	工作内容	要求
• 数据处理	整理店铺流量数据： (1)数据清洗。 (2)数据转化。 (3)数据排序。	认真、严谨，数据处理正确。
• 数据分析	对整理好的数据进行分析： (1)计算点击率的数值。 (2)对点击率进行图表展示。	能够使用电子表格完成数据计算和可视化处理。
• 流量效果总结	根据数据图表，进行流量效果分析、总结： (1)分析访客数。 (2)对店铺的点击率进行总结。	在师傅的指导下，从实际店铺的流量现状出发，有针对性地进行分析。

【业务知识】

1. 错误标识符清洗

当缺失值是以错误标识符形式出现时，需要检查出现这些错误的原因，然后有针对性地进行处理。如出现“#####”时，说明单元格中的数据超出了该单元格的宽度，或者单元格中的日期时间公式产生了一个负值；出现“#DIV/0!”说明进行公式运算时，除数使用了数值零、指向了空单元格或包含零值单元格的引用。一般情况下，Excel中出现错误标识符大多都是由于公式使用不当造成的。

下图 3-5-1 为某农产品店铺的流量数据，可以看出芋头和大白梨的访客数百分比占比显示错误，需要进行错误标识符的清洗，具体操作如下：

将鼠标定位在出现“C14、C15”单元格中，在公式编辑栏中，修改原公式“=B14/B22”为“=IFERROR(B14/B22,"/")”。

	A	B	C
1	产品名称	访客数	浏览量
2	苹果	6544	5445
3	芋头	6454	4545
4	大白梨	5544	3655
5	红薯	5444	3655
6	土豆	3222	4.54E+03
7	南瓜	3222	3245
8	玉米	2322	2154
9	山药	1334	1088
10			
11			
12	产品名称	访客数	访客数百分比
13	苹果	6544	0.191984979
14	芋头	6454	#DIV/0!
15	大白梨	5544	#DIV/0!
16	红薯	5444	0.159713665
17	土豆	3222	0.094525612
18	南瓜	3222	0.094525612
19	玉米	2322	0.06812181
20	山药	1334	0.039136302
21	总访客数	34086	
22		0	

图 3-5-1　访客数占比显示错误

2. 逻辑错误清洗

逻辑错误，即违反逻辑规律的要求和逻辑规则而产生的错误，一般使用逻辑推理就可以发现问题。数据逻辑错误一般分为以下三种：

(1)数据不合理。如访客数显示为 40% 人，明显不符合客观事实。

(2)数据自相矛盾。如展现量为 877，但点击量为 900。

(3)数据不符合规则。如限购 1 件的商品，用户的购买数量却为 5。

3. 无价值数据清洗

无价值数据是指对本次数据统计或数据分析没有产生作用的数据，直接删除对应的字段即可。但通常情况下，并不建议删除。

【工作任务实施记录与评价】

1. 任务评价表

任务流程	任务内容	师傅指导记录	任务质量评价	评价成绩
步骤一	数据处理			
步骤二	数据分析			日期
步骤三	流量效果总结			

2. 学徒流量分析评分表

报告可加页后附。

评分项目	评分标准	师傅评分
数据处理（40分）	能够根据提供的店铺流量原始数据表，利用 Excel 工具完成异常数据的清洗工作。（15分）	
	能够对已经清洗过的店铺流量原始数据，利用 Excel 工具完成数据转化的操作。（15分）	
	能够熟练地运用 Excel 工具，对已经完成转化的店铺流量数据进行排序。（10分）	
数据分析（40分）	能够已经完成排序的店铺流量数据，熟练地运用 Excel 工具根据分析需求计算点击率的数值。（20分）	
	能够根据分析需求，熟练地利用 Excel 工具对店铺流量数据中的点击率进行图表展示。（20分）	
流量效果总结（20分）	能够根据店铺流量的数据分析结果，总结出店铺的访客数情况。（10分）	
	能够根据店铺流量的数据分析结果，总结出店铺的点击率情况。（10分）	
任务反馈	优缺点： 问题与改进意见：	任务总评 日期：

任务反思：

3. 学徒关键职业能力及职业品质、工匠精神评价

项目	A	B	C	D
工作态度				
吃苦耐劳				
团队协作				
沟通交流				
学习钻研				
认真负责				
诚实守信				

任务2　客户分组管理

在师傅的带领下，进行客户数据采集，通过可靠的数据源，运用合适的采集方式获得客户某些特征数据，如客户的操作、行为、属性、偏好等数据信息，为后续进行客户信息分析提供数据支持。

【任务目标与质量要求】

多维度地分析客户信息，能够帮助企业搭建客户研究体系。通过该研究体系，店铺能够洞察客户消费趋势，从而优化运营策略和经营方向。

【学习产出目标】

1. 了解客户的分类和管理方法。
2. 熟悉客户特征，能够对客户进行分类管理。

【工作程序与方法要求】

工作程序	工作内容	要求
• 确定数据来源	确定需要获取客户成交数据的平台，如果需要多平台对比，则进行多平台采集。	根据实际分析需求选择采集平台。
• 确定采集指标	利用数据采集工具，采集的数据指标主要有：客户昵称、订单编号、交易商品、付款时间、数量、实收款、交易状态。	可根据实际分析需求对指标进行微调。
• 制作数据采集表并汇报	(1) 根据分析需求，制作数据采集表。 (2) 根据客户忠诚度分析标准，进行客户分组管理。 (3) 向师傅汇报分析过程及结果。	在师傅的指导下，对数据采集、抓取工具使用及客户分组方法进行学习、总结。

【业务知识】

一、认识客户忠诚度

（一）客户忠诚度的含义

客户忠诚度，也叫客户黏度，是指借助企业产品或服务的质量、价格等因素的影响，使客户对企业产品或服务产生情感，形成长期重复购买的程度。电子商务企业通过提高客户忠诚度，能够在一定程度上减少客户流失，取得更高的销量和利润。

客户忠诚度有利于核心竞争力的形成，企业开展营销活动时，需要以客户为中心，关注客户对企业的评价，提升客户忠诚度。客户忠诚度影响业务流程和企业组织结构，客户忠诚营销要求企业建立以忠诚度为基础的业务体系，合理分配资源，同时要求企业形成自上而下便于客户关系管理工作顺畅进行的信息传播体系，使企业能对客户信息做出迅速反应。

（二）影响客户忠诚度的因素

客户忠诚度分析是对客户的忠诚程度进行分析，从而了解客户对企业的态度、满意度等情况，为客户忠诚度的提升提供指导。影响客户忠诚度的主要因素主要有客户满意度、客户贡献度、客户依存度。

1. 客户满意度

客户满意度是决定客户忠诚与否的关键因素，客户满意度包括客户对企业产品的满意度、对企业服务的满意度、对企业（品牌）文化的满意度。

2. 客户贡献度

客户贡献度能够体现客户的忠诚度情况，一般来说，贡献度越大忠诚度越高，贡献度越小忠诚度越小，例如客户在企业的采购次数越多，其采购金额一般越大，客户贡献度也越大。

3. 客户依存度

客户忠诚度较强的时候，会跟企业形成一定的依存关系，客户的依存度深浅，能够揭示是否有客户、有多少客户与企业形成了忠实伙伴关系，企业可以将形成忠实伙伴关系的客户当成自己的重点维护与合作客户。

（三）客户忠诚度分析的目的

在电子商务时代，粉丝是企业得以运营下去的基础，粉丝即高忠诚度的客户。企业使用各种推广方式吸引新客户，并尽可能多地将这些新客户转化为忠实客户。在将新客户转化为忠实客户的过程中，企业需要完善产品、服务、客服、关怀等多个环节，同时企业还需要配备相应的客户忠诚度管理办法，指导忠诚客户的转化和稳定。

客户忠诚度分析的目的就是检验企业客户忠诚度管理的成果，并及时优化客户忠诚度管理办法。同时及时识别出忠诚客户，对这些客户进行有针对性的营销和维护，让更多的客户成为企业忠诚客户，拉动企业销量，提升企业品牌知名度和美誉度。

二、客户忠诚度分析

1. 客户重复购买率

重复购买率（复购率）是考察客户忠诚度的核心指标，是客户对企业产品或服务购买的比率，重复购买率越高，客户对企业的忠诚度越高，反之则越低。

重复购买率的计算方式有两种：

第一种是以每个购买过企业产品或服务的客户为单位，计算重复购买产品或服务的比率，例如有 16 个客户购买了企业产品，其中 8 人有重复购买行为，则重复购买率为 $8 \div 16 = 50\%$。

第二种是以交易次数计算，计算单位时间内重复购买次数与总交易次数的比值，例如 2019 年 10 月某企业产生了 200 个交易，其中 50 个客户至少有两次购买行为，则重复购买率为 $50 \div 200 = 25\%$。按交易次数计算复购率还有另一种算法，如果前面所述 50 人中的 30 人有第三次购买行为，则重复购买率为(50+30)÷200=40%(多次购买不去重)。

2. 客户购买频次

除了通过计算复购率分析客户忠诚度，还可以通过购买频次进行客户忠诚度分析，在单位时间内，客户的购买次数越多，忠诚度越高，客户的购买次数越少，忠诚度越低。

三、客户忠诚度分析结果应用

通过客户忠诚度分析，企业可以判断其忠诚客户的数量，企业的忠诚客户越多，越有利于企业的发展，也代表企业在同行业中的客户竞争实力越强。同时，企业可以结合客户忠诚度分析结果，为其会员营销、群专属优惠、客户拉新等提供参考。

【工作任务实施记录与评价】

1. 任务评价表

任务流程	任务内容	师傅指导记录	任务质量评价	评价成绩
步骤一	确定数据来源			
步骤二	采集指标			日期
步骤三	制作数据采集表并汇报			

2. 学徒数据采集评分表

评分项目	评分标准	师傅评分
关键职业能力及职业品质、工匠精神评价	持续学习能力：能够利用网络、企业培训资源等，学习掌握市场数据采集方法。(10 分)	
	工作执行能力：能够主动沟通，制订任务计划并积极推进，能够按时完成，任务执行效率高。(10 分)	
	责任心和敬业度：采集数据全面准确，计算正确，分析有理有据、有针对性，勤于思考，对工作尽职尽责。(10 分)	
	困难和挫折承受力：能够正确对待工作、学生、生活中的困难和挫折，能够有意识地学习解决问题、化解情绪的方法，建立个人社会支持系统。(10 分)	
制作数据采集表	分析报告格式规范，版面整洁，符合企业阅读和审美要求。(10 分)	
	报告内容有针对性、逻辑清晰，数据翔实、准确。(10 分)	
	以网店经营决策需求为出发点，内容具有一定实用价值。(10 分)	
学徒汇报	精神饱满，仪态自然、大方，音量、语速适中，表达清晰、流畅。(10 分)	
	汇报思路清晰，详略得当。(10 分)	
	注重人文情怀，汇报中能够融入核心价值观、企业文化等。(10 分)	
任务反馈	优缺点： 问题与改进意见：	任务总评 日期：

任务反思：

3. 学徒关键职业能力及职业品质、工匠精神评价

项目	A	B	C	D
工作态度				
吃苦耐劳				
团队协作				
沟通交流				
学习钻研				
认真负责				
诚实守信				

任务3　营销工具设置

合理使用网店营销工具，对提升店铺的销售额和转化率有一定帮助。在师傅的带领下，完成淘宝店铺优惠券设置的任务，店铺营销的方式有优惠券、淘金币、满减和天天特卖等。

【任务目标与质量要求】

了解各种营销工具，能够熟练地使用营销工具，提升店铺的销量。

【学习产出目标】

1. 了解网店营销工具。
2. 能够掌握各营销工具的操作流程。

【工作程序与方法要求】

工作程序	工作内容	要求
• 优惠券的设置	(1)登陆千牛商家工作台，单击左侧导航栏中的“营销”按钮，然后选择“营销工具”，进入“工具列表”选择页面。 (2)在“工具列表”中选择“优惠券”，单击“优惠券”图标，进入“优惠券”页面。 (3)根据店铺营销需求自主选择创建设置的优惠券类型，点击相关优惠券创建图标，进入优惠券创建页面。 (4)根据营销需求自主选择推广渠道，设置优惠信息。 (5)优惠券设置完成后，对新建优惠券的各项信息设置进行全面检查，检查无误后，提交信息完成优惠券的创建。	熟悉优惠券设置的规则与流程，所有支出项目，需要先观摩学习师傅的操作方式，不明白的地方及时询问，学徒初期自己设置时，需要在师傅的指导下完成，并及时总结、分析，复盘效果。
• 淘金币的设置	(1)登陆千牛商家工作台，单击左侧导航栏中的“营销”按钮，选择“淘金币”，进入“淘金币”卖家服务中心首页，阅读相关规则协议，点击“立即开通”按钮，完成淘金币账户开通。 (2)点击“金币工具”，进入淘金币推广营销的设置页面。 (3)单击“淘金币全店抵扣工具”右侧的“未开通”按钮，将其设置为“已开通”。开通淘金币全店抵扣工具后，根据营销需求对全店抵扣比例、高比例抵扣和不抵扣项目进行合理设置。 (4)根据营销需求在“选择你需要的推广玩法”版块中自主选择合适的推广玩法，并根据不同玩法的设置需求对相关信息进行填写，完成淘金币的推广设置。	熟悉淘金币的使用规则与注意事项，所有支出项目，需要先观摩学习师傅的操作方式，不明白的地方及时询问，学徒初期自己设置时，需要在师傅的指导下完成，并及时总结、分析，复盘效果。

工作程序	工作内容	要求
•满减活动的设置	(1)登陆千牛商家工作台,在左侧导航栏中选择“服务”选项,进入卖家服务市场页面,然后在卖家服务市场页面的搜索框中搜索满减活动营销工具。 (2)以店铺营销需求为核心,在搜索结果的页面中,根据不同满减活动营销工具的特性进行选择并订购合适的营销工具。 (3)根据营销需求对满减活动的营销工具进行商品信息添加、优惠力度等方面的设置,完成活动创建。	熟悉满减活动的使用规则与注意事项,所有支出项目,需要先观摩学习师傅的操作方式,不明白的地方及时询问,学徒初期自己设置时,需要在师傅的指导下完成,并及时总结、分析,复盘效果。
•天天特卖的设置	(1)登陆千牛商家工作台,单击左侧导航栏中的“营销”按钮,选择“天天特卖”,进入天天特卖活动报名页面。 (2)在“天天特卖”报名页面根据店铺营销需求选择合适的活动方式点击“去报名”。 (3)进入对应的活动报名页面,浏览并了解活动内容、活动规则和店铺要求,在确定该活动符合店铺营销需求后,进入活动报名的信息设置页面。 (4)仔细阅读并确认该项活动的服务协议,然后根据营销需求分别完成商品信息以及优惠力度等方面的设置,完成活动报名。	熟悉天天特卖的使用规则与注意事项、所有支出项目,需要先观摩学习师傅的操作方式,不明白的地方及时询问,学徒初期自己设置时,需要在师傅的指导下完成,并及时总结、分析,复盘效果。

【业务知识】

一、天天特卖报名条件

天天特卖报名的商家需满足以下条件:

(1)报名参加天天特卖的商家及商品须符合“营销平台基础规则”的要求;

(2)报名参加天天特卖生鲜类目的淘宝商家,其星级标准要求 1 钻及以上;店铺动态评分均值 ≥ 4.7 ;

(3)商品条件:报名商品必须同时符合以下要求:

①商品价格要求:

裸价直降:商品标价即为消费者下单时的成交价;

参加天天特卖的商品活动价不能高于该商品近 7 天内的最低成交价;

参加天天特卖的商品须在天天特卖可报商品类目范围内,且不高于所在类目价格上限;

商品一旦报名并通过审核后至活动期间,如出现任何变化导致不再符合上述活动报名价格要求,或商品及其价格竞争力不足,交易效率不高,且在系统提示后仍未优化调整的,天天特卖有权采取降级、取消该商品在天天特卖频道内的展示资格,中止或终止该商品继续参加本次活动的处置。

②商品库存要求。商品报名库存数量须 ≥ 500 件。

③其他招商要求。

报名天天特卖活动商品，不得报名同一活动时间段的其他营销活动（天猫大型营销活动、淘宝指定的营销活动除外）；

在天天特卖的活动周期内，活动商品将不支持跨店满减优惠，以及通过优惠券、店铺宝等营销工具设置的优惠。

二、淘金币开通条件

商家开通淘金币需同时满足以下条件：

(1)账户淘金币余额大于 1 000；

(2)需要先开通金币频道推广或金币店铺粉丝运营模块中的混合出资选项；

(3)淘宝卖家和天猫卖家的开通资质各不相同，其具体如下：

①淘宝卖家：

店铺信用等级 ≥ 4 星；

因出售假冒商品（C 类）被处罚的卖家，不得报名；

严重违规（B 类）和一般违规（A 类）的店铺扣分不能超过 12 分；

商品描述相符、开店时长和商家服务态度评分均需 ≥ 4.6；

近 30 天内卖家的日均支付宝成交笔数需要 ≥ 5。

②天猫卖家：

近 28 天内店铺日均成交商品数 ≥ 1；

因严重违规行为处罚满 12 分被限制参加年度营销活动，因出售假冒商品被限制参加日常营销活动和因一般违规行为被限制参加营销活动的卖家，均不能报名。

严重违规（B 类）行为扣分不超过 12 分；

没有因一般违规（单次）行为扣分超过 48 分；

开店时长在 90 天以上，并且账户淘金币余额 ≥ 1 000。

【工作任务实施记录与评价】

1. 优惠券的设置

任务流程	任务内容	师傅指导记录	任务质量评价	评价成绩
步骤一	找到营销工具			
步骤二	进入优惠券界面			
步骤三	优惠券创建页面			
步骤四	设置优惠信息			日期
步骤五	完成优惠券的创建			

2. 淘金币的设置

任务流程	任务内容	师傅指导记录	任务质量评价	评价成绩
步骤一	淘金币账户开通			
步骤二	金币推广营销设置			
步骤三	修改淘金币设置			
步骤四	完成淘金币推广设置			日期
步骤五	完成淘金币的推广			

3. 满减活动的设置

任务流程	任务内容	师傅指导记录	任务质量评价	评价成绩
步骤一	满减活动营销工具			
步骤二	订购合适的营销工具			
步骤三	完成活动创建			日期

4. 天天特卖活动的设置

任务流程	任务内容	师傅指导记录	任务质量评价	评价成绩
步骤一	进入天天特卖活动报名页面			
步骤二	点击报名			
步骤三	活动报名的信息设置			日期
步骤四	完成活动报名			

5. 学徒关键职业能力及职业品质、工匠精神评价

项目	A	B	C	D
工作态度				
吃苦耐劳				
团队协作				
沟通交流				
学习钻研				
认真负责				
诚实守信				

项目六 客服培训与管理

【专业知识准备】

一、客服岗位工作认知

客户是商业服务或产品的采购者，可能是最终的消费者、代理人或供应链内的中间人。客户可以是自然人或组织，是针对某一特定细分市场而言的，他们的需求比较集中；而消费者是针对个体而言的，他们的需求较分散。

客户的消费行为阶段主要有：兴趣阶段、关注阶段、聚焦阶段、购买阶段、持续购买阶段。根据客户的消费行为阶段，在客户服务中可以将客户的状态用 5 种状态标签表示：潜在客户、目标客户、准客户、成交客户、忠诚客户。

客户分类的目的不仅可以实现企业内部对于客户的统一有效识别，也可以用于指导企业客户管理的战略性资源配置与战术性服务营销对策的应用，确定企业服务的重点目标，支撑企业以客户为中心的个性化服务与精准营销，在分类的数据中进行挖掘更有针对性，可以得到更多有价值的结果。

二、客服人员必备基础

客户服务（简称“客服”）人员，是店铺和顾客之间的一座桥梁，是网店营销的重要一环，客服人员能否及时准确地回答顾客的问题促进转化，是关乎店铺口碑、业绩的关键。

因此客服人员需要具备以下基础：

1. 专业的商品知识

客服人员必须要对店铺所销售的商品有足够的了解，对于那些经常被咨询的问题，如材质、尺寸、物流以及使用事项等问题应熟记于心。

客服应掌握店铺商品常识，以确保能够高质量地回答消费者咨询的问题，对于一些注意事项也能善意地提醒消费者，避免造成误解及纠纷，给店铺带来不好的影响。表 3-6-1 为服装类客服商品知识整理表。

表 3-6-1　服装类客服商品知识整理表

商品特征	客户关注问题
面料	面料舒适度、透气性、弹性、洗涤方式、晾晒方式以及保养方式等
尺码	不同身高、体重如何选择合适的尺码
版型	不同体型、场合如何选择
颜色	不同颜色适合的场景、肤色等
其他	风格、细节设计、搭配等

2. 熟悉交易规则

客服人员要充分掌握店铺所在平台交易规则和客户服务评价标准，不但保障客服工作合规、高效地开展，同时有利于客服人员依照客服评级标准制订自身岗位发展规划。

3. 付款方式及流程

售前客服在引导交易的过程中，需要熟悉所在平台的交易、支付流程，解决客户下单、支付过程中的常见问题，以引导顾客完成交易。

4. 物流知识

客服人员必须掌握店铺所用快递服务的配送情况，熟知发往各地的快递用时情况。并且，还要对物流包裹的撤回、更改地址、状态查询、保价、问题件退回、索赔等问题的处理办法有所了解，至少保证店铺中有统一的处理办法，以确保意外状况发生时能够在第一时间做出反应，将店铺和买家的损失降到最低。

5. 沟通技巧

客服人员需要通过电话、软件等方式在短暂的客户咨询时间了解客户需求、解决客户诉求，因此，需要掌握询问、倾听、推荐、跟进的沟通技巧，用良好的服务态度和沟通技巧为客户提供愉快的购物体验，提升品牌形象的同时，提高客户转化率。

三、客服人员职业素养

1. 虚心倾听顾客需求

作为客服人员，与顾客进行沟通时千万不要以专业自居，首先应该耐心倾听顾客的需求，明白顾客真正需要的是什么，这样与顾客沟通起来才会更有目的性和针对性，才能更有效地达到顾客咨询的目的，进而促成交易。

2. 服务至上的观念

客服人员要怀着“服务至上”的观念，在和顾客的沟通中不要与其争论，顾客的要求永远是可以理解的。当遇到商品出现问题的情况时，要认真分析原因，可能是本身检查的疏漏，也可能是快递公司的问题，但千万不要随便怀疑顾客。出现问题后要积极和顾客沟通，并尽快处理顾客反馈的问题。

3. 严谨的专业态度

当顾客对所需商品提出疑问时，客服人员要及时给出准确专业的回答，这样才能给顾客足够的信任感。如果客服人员对商品的情况一问三不知，相信顾客对这样的卖家肯定会心存怀疑而放弃购买。相反，如果客服人员能够对商品进行详细介绍，顾客对回答感到心服口服，也就代表相信卖家的专业眼光，与店铺成交的概率就会大大提高。

4. 巧用表情传情达意

沟通会话一般是由顾客发起的，客服人员应当以最热情的态度去迎接。在开始谈话时，一个微笑表情就能让顾客感受到诚意和善意。多使用聊天表情可以弥补顾客看不到真人神情的缺点，也能够让顾客感受到客服人员的积极和热情。

5. 多说感谢，礼貌待客

客服人员要多对顾客表示感谢，感谢顾客对店铺的光顾，感谢顾客耐心等待，感谢顾客对店铺的支持。和顾客交流一定要礼貌，即使顾客说话不太客气，也千万不要针锋相对，应该用热情和礼貌去感染对方。

四、客服绩效考核指标

绩效考核指标是员工工作业绩、工作能力的量化形式，通过各种量化指标的考量可以体现客服人员的工作业绩、能力和态度。基于客服岗位自身的工作性质和工作内容，客服人员绩效考核指标主要分为以下几个方面：

（1）指标完成率：即特定月内通过客服人员实际完成的销售额与计划所要完成的销售额之间的比率，表示为

$$指标完成率 = 实际销售额 \div 计划销售额 \times 100\%$$

（2）询单转化率：即顾客向客服询单服务的人数到最终下单人数的比率，表示为

$$询单转化率 = 最终下单人数 \div 询单人数 \times 100\%$$

（3）最终下单成功率：即顾客下订单的人数到最终付款人数之间的比率，表示为

$$最终下单成功率 = 最终付款人数 \div 下单人数 \times 100\%$$

（4）客单价：即特定时间内每个客户购买本店商品的额度，是最终付款的销售总额与下单付款的客户总人数之间的比例，表示为

$$客单价 = 特定时期内销售总额 \div 付款客户人数$$

它充分体现了客服人员的客户亲和度和工作能力。

（5）客服回复率：即客服人员通过旺旺等客服软件做出回复的客户数与总接待的客户数之间的比率，表示为

$$客服回复率 = 回复客户数 \div 总接待客户数 \times 100\%$$

如对所有接待的客户都予以回复，则回复率为100%。

（6）客服响应时间：指每一次自客户询单到客服做出回应这一过程的时间差的均值。它直接关系着客户感受和客户关系的维持。

（7）协助跟进服务：本项只作为一种工作情况的参考，会根据具体情况做具体调整。

（8）执行力：即客服人员特定时间内完成上级主管交代的任务的情况，本项由上级主管基于客服人员工作实情做出考量，赋予分值。

【典型案例】

客户服务　态度先行

网易旗下网易七鱼、网易定位和知名研究机构央视市场调研，联合发布了《2020 年电商客户服务体验报告》（以下简称《报告》）。

《报告》对消费者网购平台客服使用习惯、使用需求和使用满意度进行调查研究，发现电商客户服务 9 大趋势：

(1) 服务体验决定一切；

(2) 消费者期望随时随地获取优质服务；

(3) 不“秒回”，你就输了；

(4) 拥抱智能；

(5) 外呼机器人大有可为；

(6) “爱聊天”的消费者；

(7) Z 世代对服务体验更苛刻；

(8) 是客服，更是行业专家；

(9) 客服也可以是带货王。

目前，消费者特别是年轻消费者对机器人客服未来发展有信心，机器人客服的应用场景、技术水平和服务能力都快速提升，是客户服务领域的主流趋势。当然，一切技术、方法的发展都离不开客户服务的初衷，带给客户更好的服务体验，因此，我们的客服人员不仅仅需要掌握最新的智能客服技术，更应该挖掘客户的使用习惯和需求，提升自身专业素养和专业能力，提升客户服务满意度。

典型案例感想：

____

____

____

____

____

____

【思政园地】

党的二十大报告提出“构建优质高效的服务业新体系，推动现代服务业同先进制造业、现代农业深度融合”，为服务业高质量发展指明了方向。

当前，我国经济已由高速增长阶段转向高质量发展阶段，需提升全要素生产效率，以高效的产业体系推动经济高质量发展。以服务业贯穿产业价值链增值环节，促进产业基础再造提升，增强制造业核心竞争力、推动农业延链强链，加快服务业数字化转型，大力发展线上零售、智能配送、在线教育、远程医疗等新业态，促进服务智慧化、消费多样化。

任务1　客服工作准备

客户服务人员是店铺和客户之间的桥梁,店铺可以根据其业务量和行业特性招聘、培训客服人员。对于客户咨询量相对较少的店铺或者业务量较大的活动时间,店铺运营人员也可能要兼顾客服工作,因此,在师傅的指导下,需要掌握客服工作的基本技能:第一,必须能熟练操作客服工作平台,这能最大限度地提高客服的工作效率;第二,必须按照统一规范的接待客户流程工作,养成严谨的工作作风,使接待服务更加规范和专业;第三,为了更好地应对大量客户同时咨询,需要提前整理《接待用语手册》,便于全体售前客服统一使用。

【任务目标与质量要求】

在师傅的指导下,完成竞品竞店调研,根据店铺活动设定店铺客服工作平台接待工具设置,准备产品、活动相关快捷语。

【学习产出目标】

1. 根据网店定位,对竞店竞品开展调研,进行分析。
2. 熟知网店客服工作平台各模块内容,并能根据具体活动、产品进行调整设置。
3. 通过竞店竞品分析,能够形成客服用语信息表。

【工作程序与方法要求】

工作程序	工作内容	要求
• 竞店竞品客服调研	(1)竞店客服调研: ①调研竞店客户服务的态度评分。 ②调研竞店客服接待工具和基本客服用语技巧。 (2)竞品客服调研: ①调研竞品的累计评价数和好评率。 ②竞品客服响应时间、客服态度、业务专业程度、促单引导、关联营销情况。 ③调研竞品正、负向评价标签,评价处理时间,中差评处理效果。	以竞店竞品为对象,准确、完整地梳理客服现状,分析竞店客服的优劣势,为本店的客服规划提供参考。

工作程序	工作内容	要求
•客服用语准备	按照店铺、类别整理客服用语： (1)欢迎语。 (2)产品信息： ①整理产品名称、属性、价格等基本信息。 ②撰写客户高频关注的产品功能、卖点信息等回复用语。 ③整理产品介绍、安装演示等图文素材、视频链接等。 ④整理客户关心的产品技术、安全等方面佐证材料。 (3)营销活动： ①整理店铺最新营销活动推广用语、链接。 ②整理单品最新营销活动推广用语、链接。 (4)引导下单： ①针对意向客户、意向动摇客户等不同群体，设计促单用语。 ②准备关联营销商品及促单用语。 (5)其他问题： 整理客户常问的关于发货时间、物流时效、运费、运费险、支付方式、发票、申请退货退款流程等方面服务用语。 (6)服务评价： ①确认已经回复或者落实客户所有问题用语。 ②感谢客户咨询，邀请评价快捷回复用语。	编辑欢迎语，要给客户热情、自然、大方的感受。 产品信息需要准确、清晰，不要有过分夸大，尤其是客户关心的内容，需要重点审核。 营销活动用语需要及时更新，与最新的活动保持一致，如果有不确定的地方，一定要和师傅或者运营专员进行核实，避免为客户提供错误信息。 引导下单需要以客户为中心，自然推进，避免给客户强势推广的不良感受。 其他问题一般按照流程，信息核实无误即可。 服务评价环节需体现亲和、自然，为整个客服接待提升好感。
•客服接待工具设置	在店铺后台客服管理系统中进行客服工具设置： (1)自动接待工具： ①欢迎语，消费者进入咨询消息窗后，马上向消费者展示公告与常用问题，可对特定商品指定欢迎语，提升服务效率与消费者好感。 设置优先级：商品欢迎语＞全店通用。 设置有客服在线时售前通用和售后通用模板。 设置无人接待时欢迎语模板。 ②聊天窗互动功能，在消息窗输入框上方区域为消费者提供常用的自助服务选项。 ③机器人，可设置高频问题和答案配置，开启自动接待服务。 (2)人工接待工具： ①快捷短语，编辑常用回复用语，提升客服效率。 ②禁用语。 ③团队共享聊天记录。 ④ ERP 设置。 ⑤快递派送设置。	根据新增商品的具体情况，在客服系统进行完整、准确地设置，保证客服时段、客服内容全覆盖，提高客服效果。

【业务知识】

某电商平台客服平台介绍

目前淘系的网店客服主要是通过千牛工具(原“阿里旺旺卖家版”)与客户进行沟通的,有Web端、PC端和移动端。

千牛卖家工作平台支持子账号的登录,提供店铺关键信息提醒,以及商品、交易、数据等常用操作快捷入口;商品消息、订单消息、退款消息、官方公告等第一时间推送到手机;支持手机和电脑同时登录,联系人、聊天记录和快捷短语与电脑无缝云同步,可添加好友,查看买家个人主页;插件中心具备商品管理,交易管理,数据统计等常用功能。

1. 千牛子账号设置

子账号业务是淘宝网及天猫提供给卖家的一体化员工账号服务。掌柜使用主账号创建员工子账号并进行客服、客服主管、运营、美工、财务等权限授权后,客服人员可以使用子账号接待顾客咨询;运营人员可以使用子账号管理商品和店铺;营销人员可以使用子账号搭配套餐、发送优惠券;物流人员可以使用子账号发货、修改地址、使用物流小工具;美工人员可以使用子账号装修店铺。主账号可对子账号的业务操作进行监控和管理。打开千牛卖家工作台,依次单击“店铺管理”“子账号管理”,可进入子账号管理界面。

掌柜需要使用主账号创建员工子账号并进行客户分流,客服才可进行客户接待等工作。子账号客服需要输入身份证号和姓名后方可通过实名认证激活,后续等待主账号分配指定分组并显示店铺亮灯后,客服子账号就可以接待分流过来的客户了。

主账号可以对组内每个客服子账号设置不同的权重值,权重值越高将分到越多的客户。同时主账号还可以修改客服子账号的店铺亮灯时间,便于掌控客服的服务时间。

2. 客服工作台操作

客服人员使用子账号登录后进入客服工作台。工作台最上面部分显示的是账号信息、今日接待人数、已付款人数等信息。工作台下面分为三部分:左侧主要是接待的客户列表等信息;中间是聊天显示框;右侧可以查看顾客的足迹了解顾客进店后浏览的途径,看了几款宝贝以及查看宝贝的停留时间,也可查看商品和订单信息,了解客服实时绩效等。

千牛客服工作台在正式接待顾客前可进行多种设置,单击左下角图标选择系统设置,有基础设置和接待设置。接待设置中可设置接待人员状态、会话窗口、提醒、声音、个性签名、自动回复等。

3. 客服快捷语设置

当多个买家在同一时刻进行咨询时,客服很难同时在第一时间做出反应,容易给买家不被重视的感觉,而快捷语和“机器人”设置就能很好地解决这一问题,不仅提高了服务的质量,同时也减轻了客服的工作量。

快捷语主要可以从进店问候、商品咨询、客户议价、客户对比、客户犹豫不决、宝贝已拍未付款、订单完成、结束语等方面进行编制,既可以在对话框中一条条新建,也可批量使用Excel进行编辑保存为CSV格式后批量导入。导入后在工作台右侧即可看到新导入的快捷语,输入相应的快捷语编码后就可以直接使用。

【业务经验】

企业常用的客服用语

每种类型的话术建议列上 3～5 条左右，不同的客户不同的情景发送不同的语句，不同时期罗列不同的常用快捷用语（表 3-6-2）。

表 3-6-2　某企业常用客服用语示例

<table>
<tr><th>用语类型</th><th colspan="3">常用快捷语示例</th></tr>
<tr><td>问候</td><td colspan="3">亲，我是客服小欣，很荣幸能成为您的网络导购，请锁定我哦！我今天将为您全程服务……</td></tr>
<tr><td>议价</td><td colspan="3">非常感谢您在众多店铺里选择了我们店，页面的价格是改不了的，对所有的客户都是公平的哦，同时我们的承诺是，让每一位购买我们产品的顾客，都真正感觉到物有所值。</td></tr>
<tr><td>发票</td><td colspan="3">我们都是有正规发票的哦，您在收到产品，满意确认收货后，尽快联系我们开票。</td></tr>
<tr><td rowspan="4">申请退货退款流程</td><td>申请退货退款方法</td><td colspan="2">进入已买到的宝贝——退货退款——我要退货——退款原因：选择七天无理由就可以了哦。</td></tr>
<tr><td>退货提示</td><td colspan="2">亲，我们这边查看到您申请退货的订单中有 2 项赠品，如果您确定的退货的话，需要提一起寄回哦。</td></tr>
<tr><td rowspan="2">运费险</td><td>卖方原因</td><td>您的情况可以直接退货，如果您寄送，运费险正常赔付，您寄回运费超出的运费险赔付的部分，您提供截图，我们收到退货之后退给您，您不用担心！</td></tr>
<tr><td>买方原因</td><td>您的订单是有运费险的哦！不过现在已经超过 7 天无理由退货时间，超出运费险赔付金额的部分需要您自己承担哦。</td></tr>
<tr><td rowspan="3">填写物流单号</td><td colspan="3">亲，您好！您找到自己退货的订单，看到请退货点进去，就会有提示出来，请填写快递单号和快递公司哦。填写好了提交就可以了。</td></tr>
<tr><td colspan="3">已购买宝贝——请退货——填写物流信息——提交</td></tr>
<tr><td colspan="3">目前部分店铺支持在线约快递服务，您可以预约上门取件哦。</td></tr>
<tr><td rowspan="2">补运费</td><td colspan="3">麻烦您补运费的时候备注下事项和你的用户名。</td></tr>
<tr><td colspan="3">补运费支付链接</td></tr>
<tr><td rowspan="2">结束</td><td colspan="3">在您收到宝贝后，检查商品后满意的话，请给我们五星好评的哦！</td></tr>
<tr><td colspan="3">客服评价链接</td></tr>
<tr><td rowspan="2">回复离线信息</td><td colspan="3">亲，我们这款宝贝是包邮的，而且赠送运费险，您可以放心购买！</td></tr>
<tr><td colspan="3">注意：不要发“亲，在吗？”之类的内容，直接把需要回复的或者需要解释的内容一次性发送完毕。</td></tr>
<tr><td rowspan="3">其他</td><td colspan="3">商品卖点用语整理。</td></tr>
<tr><td colspan="3">善用语气词，增加亲切程度。</td></tr>
<tr><td colspan="3">善用表情包，适当调节服务氛围。</td></tr>
</table>

【工作任务实施记录与评价】

1. 竞店竞品客服调研

<table>
<tr><td>竞店名称</td><td></td><td>电商平台</td><td colspan="2"></td><td>服务态度评分</td><td></td></tr>
<tr><td>竞品名称</td><td colspan="2"></td><td>累计评价数</td><td></td><td>好评率 / 评分</td><td></td></tr>
<tr><td>客服响应时间</td><td colspan="2"></td><td>客服评价</td><td colspan="3"></td></tr>
<tr><td>正向评价标签</td><td colspan="6"></td></tr>
<tr><td>负向评价标签</td><td colspan="6"></td></tr>
<tr><td>中差评回复</td><td colspan="6"></td></tr>
</table>

2. 客服用语准备

<table>
<tr><td>欢迎语</td><td colspan="2"></td></tr>
<tr><td rowspan="3">产品信息</td><td>属性、特征（Features）</td><td></td></tr>
<tr><td>优点（Advantages）、利益（Benefits）</td><td></td></tr>
<tr><td>证据（Evidence）</td><td></td></tr>
<tr><td rowspan="2">营销活动</td><td>店铺活动</td><td></td></tr>
<tr><td>产品活动</td><td></td></tr>
<tr><td>引导下单</td><td colspan="2"></td></tr>
<tr><td rowspan="3">其他问题</td><td>订单</td><td></td></tr>
<tr><td>支付</td><td></td></tr>
<tr><td>物流</td><td></td></tr>
<tr><td>服务评价</td><td colspan="2"></td></tr>
</table>

3. 客服接待工具设置

师傅指导记录	问题及建议	评价成绩
		日期：

任务思考：

4. 学徒关键职业能力及职业品质、工匠精神评价

项目	A	B	C	D
工作态度				
吃苦耐劳				
团队协作				
沟通交流				
学习钻研				
认真负责				
诚实守信				

任务2　售前客服接待与订单处理

在做好客服接待准备工作之后，客服岗位学徒需要在师傅的指导下，完成基本的售前客服的接待试岗，即在师傅的督导下，独立完成不少于一周的客服接待。试岗期间对于客服响应时间、业务处理规范性、客户服务满意度、询单转化率等方面进行综合考核，通过试岗筛选出能够适应岗位工作强度和要求的学徒，同时及时给学徒反馈，帮助学徒调整岗位职业规划。

【任务目标与质量要求】

在师傅的指导下，根据接待服务流程，完成独立的客服接待，并收集相关客服问题，进行标准修订，提高店铺转化率。

【学习产出目标】

1. 熟悉客户接待的规范流程，掌握接待用语的要求。
2. 熟悉订单简单处理流程，如修改运费、修改商品价格。
3. 能够基本按照“热情问好——服务咨询——促单转化——核实告别”的流程接待客户。

【工作程序与方法要求】

工作程序	工作内容	要求
• 售前客服接待	**接待环节：** 客服需要快速响应、亲切问候、耐心询问，主动提供帮助。	自动客户接待问候语与人工客服接待用语要有明显区别，人工客服要响应及时，发送问候语之后，要耐心等待客户的咨询问题。

工作程序	工作内容	要求
·售前客服咨询回复	**咨询回复环节：** 认真倾听，确认客户核心需求，按照客户需求有针对性地进行回复，例如： ①回复询问产品基本信息： 客户对于商品描述中已有信息的疑问性咨询，可根据商品给出解释性、肯定答复，确保及时回复。 关联营销，如遇客户对于商品选择存在疑虑，可进一步与客户沟通，了解客户需求，为客户推荐类似的、有现货的、评价好的其他商品。 涉及商品描述中未详尽的细节问题，可核实后回复，如需一定的等待时间，则需先妥善安抚客户情绪，主动说明回复时间和回复方式，必要时电话回复，切忌忘记回复客户，造成不良的客户体验。 ②回复询问折扣问题： 对顾客询问的基础折扣、优惠券、店铺活动等信息及时回复。对顾客提出的特殊折扣，一般不议价，可以考虑给客户推荐比较优惠的组合，如果有配套的礼品，可根据订单情况赠送，老客户或者订购得比较多的客户可以请示运营专员给予特殊折扣。 ③回复询问发货问题 购买时询问发货时间，按正常发货时间进行及时回复。顾客购买产品时，也应主动告知发货时间。	咨询回复环节，核心是在认真倾听的基础上，有效提出引导性问题，通过客户描述了解客户核心需求，并复述客户需求，与客户确认实际需求与表述是否一致；
·售前客服订单处理	**业务处理环节：** ①询单转化： 咨询未下单，意向客户的登记跟进，查看客户未拍的原因，如可以打消客户的顾虑，促进订单达成；当天无法确认下单，做标记后期跟进。 下单未支付，查看客户没有支付的原因，解决客户的疑问，针对客户的浏览足迹进行产品卖点的二次介绍；如果客户的当前账号无法支付，可以建议代付，或者支付宝问题，打消客户疑虑的情况下，催客户尽快完成。如果客户因其他原因暂时不能购买的，可让客户自行关闭交易，提醒客户收藏小店。 ②订单备注： 如客户在下单时提出特殊要求：例如，约定时间发货，要求改地址，要求指定快递，配货清单，收据，特殊纸条，增加特别字样等，要认真、仔细地进行备注、跟进，在条件允许的范围内满足客户要求。	业务处理环节，询单转化是售前客服绩效考核中的重要考核项目，需要有亲切、耐心的态度、准确的判断力，对于暂时不购买的客户，要礼貌回复；对于犹豫的客户，客服需要以专业的意见打消其购买的疑虑，同时，避免给客户留下被强迫的促销感受；

工作程序	工作内容	要求
·售前客服服务评价	**服务评价环节：** 在确认客户没有其他咨询和业务需求的情况下，可以对新客户发送收藏店铺、包含感谢的信息；可以对老客户发送包含祝福、感谢支持的信息，并邀请客户对客服人员服务态度进行评价。	服务评价环节，需要提前准备祝福语和评价链接。

【业务知识】

一、客户接待的一般流程

客服人员身处客户服务的第一线，一言一行都直接影响店铺的形象。大部分客户都是通过查找或搜索找到需要购买的产品，做过详细的比较之后才进入店铺进行咨询的，所以购买的目的性是比较强的，这时就需要客服热情地接待和专业地解答，一般的接待流程如下：

1. 热情问好

迎接是否及时热情会影响客户对店铺的第一印象，有数据表明，至少 20% 的客户会因为迎接的失败而流失。在客户发出沟通信号时，在 30 秒内热情问候是客服要做好的第一步。在迎接问好时，尽量使用标准化的客服礼貌用语，适当配合旺旺表情效果更好。除此之外，迎接内容还可以加上自己的名字或者是工号以及店铺促销信息等。

2. 销售咨询

热情问好之后，客服要合理地回答买家的任何问题，解答时不是照着产品的单页或者是产品资料进行回复，而是要扩大沟通范围，淡化交易存在，应在了解客户的喜好和需求后，针对买家需求为买家提供真实可靠的商品信息及服务承诺。

3. 促成交易

提醒客户是否还有其他需求，在客户对商品没有什么疑问之后客服可以灵活地向顾客介绍搭配的方法，推荐关联产品，引导顾客下单并付款。注意：在客户下单时，一定不能干扰客户做决定，更不能催促客户下单，否则会引起客户的反感。

4. 核实告别

在客户下单后，无论是咨询过的顾客还是自助购物的顾客，都要及时联系该顾客，核对商品信息、物流信息等，并告知客户本店常用的快递和运费情况，避免引起售后不必要的纠纷。最后对顾客表示感谢，送上祝福，欢迎顾客下次光临。

二、订单处理的一般流程

一般情况下，已生成的订单由运营专员或者助理进行发货处理，而咨询到确认订单期间由接待客服对接完成订单相关服务，例如修改商品的价格和邮费，选择合适的物流公司发货，进行订单备注、订单合并等操作。

因此，作为客服也需要了解订单处理的一般流程：

(1)接收、处理订单。在订单处理阶段,首先要进入后台查看是否有客户订单,客服可以在后台看到订单的状态,下单后是否有什么要求,客户的订单状态是否满足优惠条件等,及时跟客户进行订单沟通确认。

(2)发货处理。首先核对各个订单的发货消息,将顾客地址和投递要求进行分类,选择有合作关系的快递公司,了解其发货规定,完成后台物流选择操作。

(3)跟踪订单。订单发货后客服需将发货信息通过即时通信工具告知顾客,当顾客确认收货时,客服要询问顾客对商品是否满意,商品有没有破损,并引导顾客做出好评。

【业务经验】

1. 进行订单备注和跟单

(1)订单备注。原则上是由接待的客服负责备注,备注格式:事由 + 客服名 + 日期。

常见事由:①普通修改价格。②约定规格赠品。③特殊备注:快递留言。④订单状态:未发货的订单、已发货的订单、可退款的订单、拦截退回或退货订单、漏发补发订单。

2. 客服接待订单跟踪

客服接待订单跟踪,简称为"跟单",即按照排班表,分别由当天白班和晚班期间的客服,对已咨询拍下未付款的订单跟进,主要以核实地址、数量、规格等方面来切入。客服交接班需要交接清楚客户的情况,及时跟进订单的情况。

3. 绩效考核内容

表 3-6-3　售前客服绩效考核表

序号	KPI 指标	指标描述	标准	分值	权重
1	销售达成率	客服引导下单销售额	与上月销售额持平或提高	100	15%
2	咨询转化率(X)	最终付款人数 ÷ 咨询人数	$X \geq 50\%$	100	35%
			$45\% \leq X < 50\%$	90	
			$35\% \leq X < 45\%$	80	
			$30\% \leq X < 35\%$	70	
			$25\% \leq X < 30\%$	60	
			$X < 25\%$	0	

续表 3-6-3

序号	KPI 指标	指标描述	标准	分值	权重
3	付款成功率（Y）	最终付款人数 ÷ 下单人数	$Y \geqslant 98\%$	100	10%
			$96\% \leqslant Y < 98\%$	90	
			$94\% \leqslant Y < 96\%$	80	
			$92\% \leqslant Y < 94\%$	70	
			$90\% \leqslant Y < 92\%$	60	
			$Y < 90\%$	0	
4	平均响应时间（T）	平均响应时间（秒）	$T \geqslant 30$	100	15%
			$30 < T \leqslant 35$	90	
			$35 < T \leqslant 40$	80	
			$40 < T \leqslant 45$	70	
			$45 < T \leqslant 50$	60	
			$T > 50$	0	
5	回复率（R）	已回复的客户数 ÷ 总接待客户数	$R \geqslant 98\%$	100	10%
			$96\% \leqslant R < 98\%$	90	
			$94\% \leqslant R < 96\%$	80	
			$92\% \leqslant R < 94\%$	70	
			$90\% \leqslant R < 92\%$	60	
			$R < 90\%$	0	
6	综合表现	考勤、团队协作、服务态度等	企业客服管理规定等	100	15%

【工作任务实施记录与评价】

1. 售前客服接待

师傅指导记录	问题及建议	评价成绩
		日期：

任务思考：

2. 学徒关键职业能力及职业品质、工匠精神评价

项目	A	B	C	D
工作态度				
吃苦耐劳				
团队协作				
沟通交流				
学习钻研				
认真负责				
诚实守信				

任务3　售后客服接待与评价处理

售前客服是营销店铺的重要岗位，售后客服是客户良好消费体验的重要保障，由于评价处理也属于客户维护的重要环节，根据网店运营实际分工，可能由网店运营专员或客服人员完成评价处理工作，因此学徒需要在师傅的指导下，完成售后客服接待和评价处理工作，提升解决复杂问题能力，增强沟通能力和抗挫折能力，更好地适应岗位工作。

【任务目标与质量要求】

在师傅的指导下，做好售后客服接待，及时解决并提供后期持续跟踪服务，登记售后问题及时交接，提高店铺的售后服务满意度。

【学习产出目标】

1. 能够及时回复顾客反馈问题，安抚顾客情绪。
2. 能够进行售后问题登记和图片留存，跟进处理。
3. 能够掌握在实践中将中差评转变为好评的方法与措施，对于无法转换的中差评，能够有针对性地做好评价解释，变不良影响为积极影响。
4. 能够运用同理心换位思考灵活处理客户的投诉。

【工作程序与方法要求】

工作程序	工作内容	要求
·明确退换货流程	熟知店铺的售后流程、标准，确保高效、准确地完成售后服务工作。退换货的基本流程： (1)拍图确定质量问题。 (2)延长交易时间。 (3)给买家退货信息。 (4)备注交易备注。 (5)登记文档。	以自己所在店铺为对象，及时回复顾客问题，做好客户的情绪安抚和售后服务。

工作程序	工作内容	要求
·售后客服接待	(1)接待环节　快速响应、亲切问候、主动询问提供帮助。 (2)明确售后需求:认真倾听,了解客户需要解决的售后问题,分类解决。 ①产品售后: **换货**:明确客户换货原因,做备注记录,按照店铺的换货流程、要求和客户需求进行换货处理。 **退货退款**:明确客户退货退款原因,做备注记录,安抚客户情绪,尽量挽留,如客户确定退货,按照店铺退货流程进行退货退款处理,不符合退货要求的情况,与客户说明,商议解决措施。 **退款(无需退货)**:如订单未发货,则可以使用自助客服工具自动退款;如订单已发货未签收,则联系快递公司拦截退回,并做退款处理;订单已签收,明确客户退款不退货具体情况,如符合店铺要求,做退款处理。 ②订单售后:撤回订单,订单在系统生成之后,网店商家无法关闭交易,只能指导客户在系统申请订单售后。 开具发票,与客户核实开票信息和需求,按照交易订单实际情况开具发票,发送给客户。 ③物流售后:包裹未收到,安抚客户情绪,查看订单关联的物流信息,确认投送情况,如客户描述与系统物流信息不一致,联系快递企业进一步核实反馈客户;包裹损坏,安抚客户情绪,核实包裹的损坏情况,需客户提供相应佐证,并与快递公司核实,按照店铺的规范处理。 (3)业务处理 ①系统与岗位同步对接,跟进退换货。 ②开具发票,与财务对接好开具发票的相关工作。 ③跟进包裹收发情况,对于确定未寄送包裹,及时补发货,可适当赠送小礼物或者优惠券等;对于包裹损坏为我方原因造成,及时与客户沟通进行订单补发处理。 (4)服务评价 ①及时向客户反馈跟进情况,确认已解决客户售后问题。 ②邀请客户对服务态度进行评价。	接待环节,快速响应、亲切问候,做好面对客户问题的心理建设。 明确售后需求环节,首先需要快速疏导客户情绪,让客户感受到被理解,从而清晰表达售后诉求。 其次,对于常规售后项目,与客户核实诉求后,备注记录并跟进特殊问题,按照售后原则与客户商议解决办法,如遇自己无法处理的情况可以寻求客服主管或者相关部门协助解决。 最后,所有售后接待做到有始有终,切忌遗漏处理。 业务处理环节,根据咨询洽谈环节的协商结果,跟进处理,确保售后完结。 服务评价环节,再次确认售后项目是否全部完成,给客户发送评价链接,虚心接受客户意见。
·评价处理	评价处理: (1)回评好评,表示感谢。编辑不同类型好评回复话术模板。例如,针对商品好评、服务好评、活动好评、物流好评等。 重点关注内容翔实、有图、有视频的好评,提升客户忠诚度。 (2)中差评解释说明,促进流量二次转化。首先,及时回复,表明态度;其次,具体了解客户给出中差评原因,及时跟进处理,做好售后工作的同时,将数据反馈给店铺运营主管,避免同类问题反复出现。	做好评价处理,有效引导客户修改中差评,促进流量二次转化。

【业务知识】

客服在处理售后问题时应该更加热情与主动,让顾客感受到店铺的真诚,利用售后服务拉近与顾客的距离,把握最后的挽回机会,守住老顾客,开拓新顾客。

一、售后服务工作原则

(1)快速跟进原则。工作日最好24小时内完成售后服务跟进、办结售后订单,如遇需要调货、等待收取退回商品等情况,在中间环节完成后的24小时之内完成售后跟进。

(2)承担责任原则。遇到售后问题,从客户角度出发,给予客户足够的尊重、关注和耐心,不仅可以有效帮助客户舒缓情绪,尽快进入咨询环节,更有利于店铺营造有责任担当的文化氛围。

(3)真诚沟通原则。客户联系售后客服,核心是为了解决问题。因此,客服人员在完成客户情绪疏导之后,需要为客户讲明当前售后申请的办理流程和要求,如遇留证不全、客户个人错失等情况,也需要耐心为客户说明责任划分标准和一般解决办法,供客户参考、选择。

(4)系统运行原则。普通售后问题,客服人员可以参照店铺售后规范和标准进行操作,但复杂、棘手的售后问题,客户诉求可能会超出店铺售后规范和标准,这时候客服人员需要快速请示上级主管,各部门之间系统协调,信息沟通,切勿因为售后问题的危急程度高,就自乱阵脚,擅自盲目退让或强势拒绝,失去解决问题的最好时机。

(5)有始有终原则。售后服务因遇到问题和解决的周期不同,通常需要记录、交接和跟进,因此,客服人员需要严格按照售后服务流程,完整、准确地进行业务交接,关注经手业务处理进度,直至售后任务完结,做到有始有终。

二、评价管理

评价处理主要包括中差评处理、解释评价。

1. 中差评处理

客户会给中差评,说明对店铺产品、客服态度或者物流服务存在不好的体验。因此,在开始沟通前,客服应该调整好自身的情绪与心态进行换位思考,在处理过程中,应该首先安抚顾客情绪,以同理心去面对和处理顾客给出的中差评,再处理具体问题。

其次,需要通过顾客的评价找到真实的原因,例如:产品问题、客服问题、物流问题、买家原因等,客服人员需要透过现象看本质。

最后,分析中差评顾客的心理,根据店铺的实际情况,给出相应的中差评处理方案,在处理过程中要尽量让顾客把中差评修改为好评。

2. 评价解释

评价解释是当出现中差评与顾客沟通无果后,为了维护店铺形象,吸引新顾客,维系老顾客采取的最后措施。做好评价解释转危机为契机,首先必须明确评价解释的阅读对象,不仅要关注中差评的那些顾客,更主要的是后续的潜在顾客。评价解释主要从5个方面入手:

(1)无论对错都要展示出负责任的店铺形象,向顾客的不满意表示歉意。

(2)给顾客留下真实的店铺形象,所有的评价无论是好评还是中差评都是真实可信的。

(3)借机说明店铺的售后保障,例如说支持7天无理由退换货,让顾客放心购物。

(4)虚心接受评价,争取客户的理解,同时表明产品的喜爱存在个体差异。

(5)展示店铺的亮点和优点,化危机为转机,例如,提到店铺注重信誉、顾客回购率高等。

【业务经验】

除常规售后业务外,售后客服还需要完成的工作

1. 负责生产问题反馈

短期内,同款、同批质量问题反映普遍,或经核实质量的确存在重大问题的;同款产品多个客户反映有问题,需核实反馈;客户对于规格、质量、颜色等的各类意见。

需要反馈给相关的部门及时调整。

2. 负责其他售前未处理完善的工作

发现问题,主动解决问题。有些遗留待处理的售前、售后问题,一旦发现主动跟进,不要想着不是自己接待留下的问题而抱怨或者置之不理,只要是和客服工作相关的都主动跟进,互相沟通。

3. 特殊 VIP 的日常维护及回访

针对店铺的老客户进行梳理和维护,定期发送信息,包含活动信息,可建立微信群,有目标地短信群发,每个月 1 次,尽量是既可以维护关系又不让客户感觉打扰,对于一些平时要求比较多,但又不可忽视的特殊的 VIP 进行回访。客单不同,这个工作意义不同,对店铺持续的良性发展至关重要。

【工作任务实施记录与评价】

1. 售后客服接待

师傅指导记录	问题及建议	评价成绩
		日期：

任务思考：

2. 评价处理方案

评价方向	好评		中差评	
	学徒	师傅点评	学徒	师傅点评
产品				
物流				
客服				
顾客				

3. 解释评价

师傅指导记录	问题及建议	评价成绩
		日期：

任务思考：

4. 学徒关键职业能力及职业品质、工匠精神评价

项目	A	B	C	D
工作态度				
吃苦耐劳				
团队协作				
沟通交流				
学习钻研				
认真负责				
诚实守信				

项目七
网店运营主管孵化

【专业知识准备】

一、工作分析

工作分析是对组织内某一特定岗位的相关信息进行收集与分析，确定每一项工作的6W1H：谁来做（Who）、做什么（What）、何时做（When）、何处做（Where）、为什么做（Why）、为谁做（Whom）、如何做（How）（图3-7-1）。

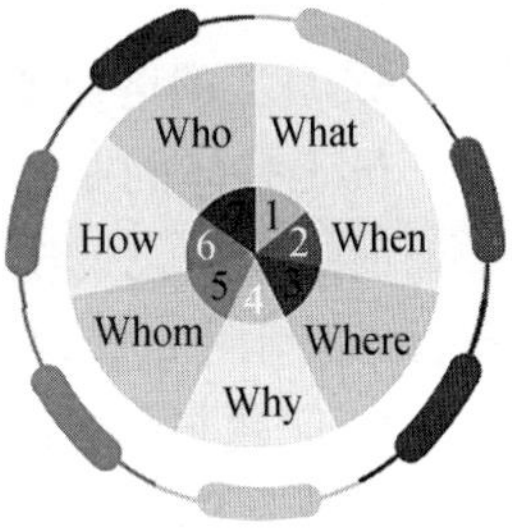

图 3-7-1　工作分析目的

通过工作分析，我们可以解决以下两个问题：

一是“这个岗位是做什么工作的？”包括岗位设置目的、任务或职责、权力和隶属关系、工作条件和环境等。

二是“什么样的人和这个岗位最匹配？”包括专业、年龄、工作经历、动机、特质、态度或价值观、某领域知识、认知或行为技能、资格证书等，即从事该岗位人的资格。

二、职务说明书

职务说明书是工作分析的结果体现，是表明企业期望员工做些什么、规定员工应该做些什么、应该怎么做和在什么样的情况下履行职责的总汇。通常包含以下内容：

（1）岗位基本资料。包括岗位名称、岗位工作编号、汇报关系、直属主管、所属部门、工资等级、工资标准、所辖人数、工作性质、工作地点、岗位分析日期、岗位分析人等。

（2）岗位工作概述。简要说明岗位工作的内容，并逐项加以说明岗位工作活动的内容，以及各活动内容所占时间百分比，活动内容的权限，执行的依据等。

（3）岗位工作责任。包括直接责任与领导责任，要逐项列出任职者工作职责。

（4）岗位工作资格。即从事该项岗位工作所必须具备的基本资格条件，主要有学历、个性特点、体力要求以及其他方面的要求。包括必备资格和理想资格，其中必备资格是完成某职位工作要求的最低资格,理想资格是在具备必备资格的基础上,若具备某些条件更为理想。

(5)岗位发展方向。在部分企业的岗位说明书中还会加上岗位发展方向的内容,希望通过岗位发展方向不仅明确企业内部不同岗位间的相互关系,而且还有利于员工明确发展目标,将自己的职业生涯规划与企业发展结合在一起。

三、网店运营主管的角色

网店运营主管作为网店管理者,通常需要扮演好以下角色:

1. 网店的代表者

对员工而言,主管是他们需求的代言人与利益的代表者;对外则代表网店与顾客、社会有关部门等公共关系沟通、协调。

2. 经营目标的执行者

落实执行组织各项规章制度、经营决策等,统筹协调各项资源,满足顾客需求,完成经营目标。

3. 各项业务的指挥者

统筹协调合适的员工、在合适的时间完成岗位工作,确保业务流程顺利运行。

4. 团队士气的鼓舞者

激发团队员工工作热情、激励员工高效工作,营造积极向上、团结协作、活力高效的工作氛围。

5. 员工的培训者

员工整体的业务水平高低与否是关系到网店经营好坏的重要因素之一。运营主管不仅要时时充实自己的实务经验及相关技能,更要不断地对所属员工进行岗位训练,以促进网店整体经营水平的提高。

6. 问题与矛盾的协调者

运营专员应具有处理各种矛盾和问题的耐心与技巧,如与顾客沟通、与员工沟通、与上级沟通等方面。应尽量注意运用技巧和方法,以协调好各种关系。

7. 工作成果的分析者

实时掌握网店各项经营指标的变化与发展趋势,进行及时合理的目标管理。

【典型案例】

奋斗的青春　永远在路上

小李 2014 年大学毕业之后,进入一家网店工作,他从运营专员开始做起,用一年多的时间成了这家网店的主管,每天早晨 8 点钟,奋斗的时间就开始了。数据是催人奋进的最好方法,小李把前一天整理好的数据项目挑出来,激励自己的团队,让成员们每天斗志昂扬,之后还会让助理把店铺的重要数据整理出来,认真分析以便及时调整。

由于技术革新、新应用场景、新流量入口的不断更新,小李发现原来后台的数据突然全变了,更新成了一个更全面的大数据平台,有很多功能都找不到,同时,店铺运营数据显示手机端的流量占比越来越高,甚至超过了 80%,可是团队成员对于手机端排名、页面大小是多少都不清楚。

于是，小李带领团队从平台的公告、行业交流论坛、交流群等各种信息渠道花时间、学习。在做主管的几年里，小李不仅熟练地掌握了店铺数据分析技巧，更在日积月累的运营中，养成了兢兢业业、求实创新的工作习惯，积极处理每一个客户评价，重视每一场活动，更要保持耐心和热情，因为店铺做得好不仅仅需要一个好主管，更需要带好一个团队，是责任，也是使命，让奋斗的青春，永远在路上！

典型案例感想：

任务1　分析网店运营主管角色与素质

在师傅的带领下，对工作以来完成的各项任务进行复盘，认真梳理、总结工作流程与岗位内容，基于网店运营与发展需求，通过调研，结合自己的所思所想、所见所闻，谈一谈自己对于网店运营主管岗位的认识，完成一份“网店运营主管职务说明书”，并试着构建出网店运营主管的胜任力素质模型。

【任务目标与质量要求】

通过工作分析调研，分析网店运营主管岗位的工作职责与素质、能力要求，编制“网店运营主管职务说明书”。

【学习产出目标】

1. 能够完成工作分析调研，并进行整理分析。
2. 编制“网店运营主管职务说明书”。

【工作程序与方法要求】

工作程序	工作内容	要求
•确定工作分析目的	明确工作分析的意义，确定网店运营主管工作分析目标。	与师傅沟通，结合岗位实际确定工作分析目标。
•制订工作分析时间进度表	根据工作分析目标，分解工作分析任务，制订工作分析时间进度计划表。	时间进度计划具有可行性。
•工作分析调研	调研收集与工作内容、工作岗位相关的信息，包含且不限于工作活动、工作绩效、工作背景条件等。	调研数据逻辑清晰，数据真实、准确。
•编制职务说明书	整理分析调研获取的信息，形成“网店运营主管职务说明书”。	编制“网店运营主管职务说明书”，说明书表述规范、准确。

【业务知识】

1. 工作分析的步骤

第一步：调研

根据工作分析的目的开展调研。

(1)制订工作分析的时间进度计划表。

(2)选择搜集工作内容与相关信息的方法。

(3)搜集背景信息,包括公司相关规章制度、组织结构图、工作流程图等。

(4)搜集工作岗位相关信息,从工作者本人、管理者、顾客等方面获得,包括:

①工作活动——工作过程、活动记录、工作程序、工作人员的权利与责任等。

②人的行为——身体行动、工作中的沟通、基本动作等。

③工具——工作中使用的设备、设施、工具、机器等。

④相关因素——知识、技能、作业对象等。

⑤工作绩效——工作产出、工作投入等。

⑥工作背景条件——工作地点、工作时间、工作环境等。

第二步:分析

对调研阶段收集的信息进行归类整理、深入分析,归纳总结工作分析的必要要素与资料,形成完成岗位的关键因素。

第三步:总结

(1)编制职务说明书。

(2)总结工作分析的成功经验与失败教训。

2. 工作分析的方法

(1)资料分析法。本着节约成本的原则,充分利用现有资源,如各岗位的绩效合同、目标责任书、岗位经济责任等,对每项工作的任务、责任、权利、工作负荷、任职资格等有一个大致的了解,为进一步调研、分析奠定基础。

(2)观察法。在工作现场对工作过程、行为、内容、工具、环境等进行观察、记录。

(3)访谈法。围绕职务或岗位的工作目标、工作内容、工作性质和范围、负责事务、需要的知识与技能等,面对面地询问任职者、主管、专家等人对工作的意见和看法。

(4)问卷调查法。设计工作分析调查问卷,邀请工作人员或相关人员填写。

(5)关键事件法。关键事件是使工作成功或失败的行为特征或事件,例如成功与失败、盈利或与亏损、高效与低产等。

要求分析人员、管理人员、本岗位员工,将工作过程中的“关键事件”详细地加以记录,对岗位的特征要求进行分析研究的方法。

(6)工作实践法。分析人员亲自从事所要分析的工作,并根据所掌握的第一手资料进行分析的方法。

【工作任务实施记录与评价】

1. 工作分析目的

2. 时间进度计划表

序号	工作内容	开始时间	结束时间

3. 调研

(1)访谈。根据工作分析目的,制订访谈提纲,确定合适的访谈对象开展访谈,形成访谈记录。

访谈记录表

姓名		日期		地点	
任职时间			现任职位和级别		

1. 工作目的:

2. 主要职责:

3. 次要职责:

4. 使用设备:

(2)问卷调研。根据工作分析目的，设计调研问卷，确定合适的访谈对象开展问卷调研。以下问卷仅作参考。

<table>
<tr><td>姓名</td><td></td><td>职称</td><td></td><td>现任职务</td><td></td><td colspan="2">工龄</td><td></td></tr>
<tr><td>性别</td><td></td><td>部门</td><td></td><td>直接上级</td><td></td><td colspan="2">进入公司时间</td><td></td></tr>
<tr><td>年龄</td><td></td><td>学历</td><td></td><td></td><td></td><td colspan="2">从事本工作时间</td><td></td></tr>
<tr><td rowspan="4">内部接触</td><td colspan="3" rowspan="4">1. 需要与其他部门的人员接触。
2. 需要与其他部门的主管接触。
3. 需要同所有部门的主管接触。</td><td>从不</td><td>偶尔</td><td>一般</td><td>经常</td><td>非常频繁</td></tr>
<tr><td>1</td><td>2</td><td>3</td><td>4</td><td>5</td></tr>
<tr><td>1</td><td>2</td><td>3</td><td>4</td><td>5</td></tr>
<tr><td>1</td><td>2</td><td>3</td><td>4</td><td>5</td></tr>
<tr><td rowspan="4">外部接触</td><td colspan="3" rowspan="4">1. 不与本公司以外的人员接触。
2. 与其他公司的人员接触。
3. 与其他公司的人员和政府机构接触。
4. 与其他公司、政府机构、外商接触。</td><td>1</td><td>2</td><td>3</td><td>4</td><td>5</td></tr>
<tr><td>1</td><td>2</td><td>3</td><td>4</td><td>5</td></tr>
<tr><td>1</td><td>2</td><td>3</td><td>4</td><td>5</td></tr>
<tr><td>1</td><td>2</td><td>3</td><td>4</td><td>5</td></tr>
<tr><td rowspan="2">监督</td><td colspan="8">1. 直接和间接监督的人员数量。
2. 被监督的管理人员数量。
3. 直接监督的人员层次：一般职工、基层管理人员、中层管理人员、高层管理人员。</td></tr>
<tr><td colspan="8">1. 只对自己负责。
2. 对职员有监督指导的责任。
3. 对职工有分配工作、监督指导的责任。
4. 对职工有分配工作、监督指导和考核的责任。</td></tr>
<tr><td rowspan="3">工作基本特征</td><td colspan="8">1. 仅对自己的结果负责。
2. 对整个部门负责。
3. 对整个公司负责。</td></tr>
<tr><td colspan="8">1. 在工作中时常做一些小的决定，一般不影响其他人。
2. 在工作中时常做一些决定，对有关人员有些影响。
3. 在工作中时常做一些决定，对整个部门有影响，但一般不影响其他部门。
4. 在工作中时常做一些大的决定，对自己部门和相关部门有影响。
5. 在工作中要做重大决定，对整个部门有重大影响。</td></tr>
<tr><td colspan="8">1. 有关工作的程序和方法均由上级详细规定，遇到问题时可以随时请示解决、工作结果需报上级审核。
2. 分配工作时上级仅指示要点，工作中上级并不直接现场指导，但遇问题时仍可直接或间接请示上级，工作结果仅由上级大概审核。
3. 分配任务时上级指明要达成的任务或目标，工作的方法和程序均由自己决定，工作结果仅受上级原则审核。</td></tr>
</table>

续表

工作基本特征	1. 完成本职工作的方法和步骤完全相同。 2. 完成本职工作的方法和步骤大部分相同。 3. 完成本职工作的方法和步骤有一半相同。 4. 完成本职工作的方法和步骤大部分不同。 5. 完成本职工作的方法和步骤完全不同。	
	在工作中你所接触到的信息经常是: 1. 原始的、未经加工处理的信息。 2. 经过初步加工的信息。 3. 经过高度综合的信息。	说明: 如出现多种情况,请按“经常”的程度由高到低依次填写在下方。
	在你做决定时一般依据以下哪种资料: 1. 事实资料。 2. 事实资料和背景资料。 3. 事实资料、背景资料和模糊的相关资料。 4. 事实资料、背景资料和模糊的相关资料、难以确定是否相关的资料。	说明: 如出现多种情况,请按“依据”的程度由高到低依次填写在下方。
	在工作中,你留要做计划的程度: 1. 在工作中无须做计划……	说明:

4. 编制职务说明书

对调研获得的信息、资料尽心整理分析,形成“网店运营主管职务说明书”。

网店运营主管职务说明书

岗位名称	网店运营主管	所属部门		岗位代码		职等	
岗位概要							
岗位职责							
岗位职责	工作标准						
任职资格							
项目	要求						
学历、专业							
资格证书							
工作经验							

知识要求	
技能要求	
能力要求	
个性要求	
主要关系	
直接上级	
直接下级	
内部沟通	
外部沟通	
职位环境与条件	
工作场所	
工作设备	
工作条件	
工作时间	

编制人		编制时间	

5. 任务评价表

序号	评价指标	师傅指导记录	任务质量评价	评价成绩
1	时间进度计划(10%)			
2	访谈记录表设计(15%)			
3	调研问卷设计(25%)			日期：
4	职务说明书编制(50%)			

任务反思：

6. 学徒关键职业能力及职业品质、工匠精神评价

项目	A	B	C	D
工作态度				
吃苦耐劳				
团队协作				
沟通交流				
学习钻研				
认真负责				
诚实守信				

任务2　制订网店运营主管工作规划

在完成师傅布置的“网店运营主管职务说明书”任务过程中，学徒在对本职工作有了更加系统、深入了解的基础上，对于网店运营主管的角色与素质也有了较为清晰的认识。为了更科学、有效地进行岗位规划，提升岗位胜任力，学徒需要在师傅的指导下，制订一份“网店运营主管工作规划”。

【任务目标与质量要求】

通过工作分析调研，分析本网店运营主管岗位的工作职责与素质、能力要求，编制“网店运营主管工作规划”。

【学习产出目标】

1. 能够完成工作分析调研，并进行整理分析。
2. 编制“网店运营主管工作规划”。

【工作程序与方法要求】

工作程序	工作内容	要求
•确定工作规划目标	根据网店发展战略确定网店运营主管工作短期、中期、长期阶段目标。量化关键指标，确定具体工作规划目标。	与师傅沟通，目标与标准相对应，具有可行性。
•编制“网店运营主管工作规划”	全面规划工作内容、标准、时间、措施，完成“网店运营主管工作规划”撰写。	工作规划具有可行性。

【业务知识】

一、工作规划的内容

(1)背景——阐明工作规划的依据、情况、目的等。

(2)主体——工作规划的核心内容，阐述：①“做什么”，即目标、任务；②“做到什么程度”，即要求；③“怎样做”，即措施、办法等内容，既要写得全面周到，又要写得有条不紊，具体明白。全面工作计划一般采取“并列式结构”。

(3)结尾——突出重点，强调有关事项。

二、工作规划的原则

1. 切实可行原则

要从实际情况出发定目标、定任务、定标准，既不要因循守旧，也不要盲目冒进。即使是做规划和设想，也应当保证可行和能基本做到，目标要明确，措施要可行，要求也需要可以达到。

2. 集思广益原则

要深入调查研究，广泛听取意见、博采众长，反对主观主义。

3. 突出重点原则

要分清轻重缓急，突出重点，以点带面，不能眉毛胡子一把抓。

4. 防患未然原则

要预先想到实行中可能发生的偏差，可能出现的故障，有必要的防范措施或补充办法。

三、工作规划的要素

1. 工作内容——做什么（What）

工作目标、任务。计划应规定在一定时间内所完成的目标、任务和应达到的要求。任务和要求应该具体明确，有的还要定出数量、质量和时间要求。

2. 工作方法——怎么做（How）

采取的措施、策略。要明确何时实现目标和完成任务，就必须制订出相应的措施和办法，这是实现计划的保证。措施和方法主要指达到既定目标需要采取什么手段，动员哪些力量与资源，创造什么条件，排除哪些困难等。总之，要根据客观条件，统筹安排，将“怎么做”写得明确具体，切实可行。特别是针对工作总结中存在的问题，分析、拟定解决问题的方法。

3. 工作进度——何时做（When）

工作负责。这是指执行计划的工作程序和时间安排。每项任务，在完成过程中都有阶段性，而每个阶段又有许多环节，它们之间常常是互相交错的。因此，定计划必须胸有全局，妥善安排，哪些先干，哪些后干，应合理安排。而在实施当中，又有轻重缓急之分，哪是重点也应该明确。在时间安排上，要有总的时限，又要有每个阶段的时间要求，以及人力、物力的安排。这样，让有关单位和人员明确在一定的时间和一定的条件下，把工作做到什么程度，以便争取主动，有条不紊地协调进行。

【工作任务实施记录与评价】

1. 任务评价表

结合网店运营需要，制订“网店运营主管工作规划”。

序号	评价指标	师傅指导记录	任务质量评价	评价成绩
1	全面性			
2	可行性			
3	灵活性			
4	创新性			
5	经济性			日期：
6	有效性			

任务反思：

2. 学徒关键职业能力及职业品质、工匠精神评价

项目	A	B	C	D
工作态度				
吃苦耐劳				
团队协作				
沟通交流				
学习钻研				
认真负责				
诚实守信				

任务3　分析网店运营作业化管理重点

为了推广优秀管理经验，快速培养优秀人才，适应网店运营主管角色，师傅对网店运营主管岗位的后备人才进行一次作业化管理的培训。

【任务目标与质量要求】

通过工作分析调研，在师傅的指导下，对网店运营工作进行全面计划和统筹，编制“网店运营主管作业化管理重点分析报告”。

【学习产出目标】

1. 能够完成工作分析调研，并进行整理分析，制订网店运营主管作业表。
2. 编制“网店运营主管作业化管理重点分析报告”。

【工作程序与方法要求】

工作程序	工作内容	要求
·制订网店运营主管作业表	根据网店运营工作内容、流程、标准、时间等量化关键指标，制订网店运营主管作业表。	与师傅沟通，目标与标准相对应，具有可行性。
·制订“网店运营主管作业化管理重点分析报告”	全面分析工作内容、标准、时间、措施，完成“网店运营主管作业化管理重点分析报告”撰写。	“网店运营主管作业化管理重点分析报告”分析条理清晰，对网店运营工作提升有帮助作用。

【业务知识】

作业管理是以顺利完成经营目标为目的，对业务流程进行标准化统筹与管理的过程(图3-7-2)。

图3-7-2　作业管理流程

一、作业管理的职能

1. 计划

对岗位工作作业方法、程序、标准工时进行设定，设计最合理的省时、省力的作业方法，设定对应的标准时间。

2. 统筹

在业务流程中，对影响计划顺利实现的各种因素进行问题发现、原因分析、问题解决及资源的调整，确保经营目标与计划的顺利完成。

二、作业标准化

作业标准是为保证运营效率与服务质量，在标准工时内完成标准作业的方法，其内容见表 3-7-1。

表 3-7-1　标准作业方法

项目	项目内容
作业内容	是指网店运营过程中重复循环、可进行标准化管理的工作内容，例如：进货、商品上下架、推广、客服、订单处理等。
作业步骤	是指将网店运营过程划分为若干环节，各环节在操作流程中的逻辑步骤。
作业方法	是指岗位工作各环节最科学、高效、系统的作业方法。
质量标准	是指依据或准绳，是一种对过程和结果进行衡量的参数。
标准工时	以具体工作项目为对象，在标准的工作环境下完成工作项目各环节，所需的人工时间。
作业条件	重复性作业内容、设备可靠、持续改进的企业文化。
注意事项	作业环境、作业人资质、作业人员操作步骤、操作方法等方面需要特别注意的事项。

【工作任务实施记录与评价】

1. 梳理、制订网店运营主管作业表

序号	主要作业				标准工时	作业条件	注意事项
	作业内容	作业步骤	作业方法	质量标准			
1							
2							
3							
4							
5							
6							
7							
8							
9							
10							
……							

2. 完成“网店运营主管作业化管理重点分析报告”

学徒完成“网店运营主管作业化管理重点分析报告”，可加页后附。

序号	评价指标	师傅指导记录	任务质量评价	评价成绩
1	网店运营主管作业表（40%）			
2	网店运营主管作业化管理重点分析报告（60%）			日期：

任务反思：

3. 学徒关键职业能力及职业品质、工匠精神评价

项目	A	B	C	D
工作态度				
吃苦耐劳				
团队协作				
沟通交流				
学习钻研				
认真负责				
诚实守信				

参考文献

[1]欧阳俊.网上开店[M].重庆:重庆大学出版社,2017.

[2]张雪玲.网店运营[M].重庆:重庆大学出版社,2016.

[3]于邢香,等.选品与采购[M].北京:高等教育出版社,2019.

[4]张翔,等.视觉营销[M].北京:电子工业出版社,2019.

[5]北京鸿科经纬科技有限公司.网店推广[M].北京:高等教育出版社,2020.

[6]北京博导前程信息技术股份有限公司.电子商务数据分析概论[M].北京:高等教育出版社,2019.

附　录

Appendix

Appendix

Appendix

Appendix

附录 1
网店运营岗位标准

1. 网店运营专员岗位标准

序号	岗位名称	岗位职责	任职要求及考核指标
1	电商运营专员	1. 负责电商平台的 SEO 和日常优化。 ①研究消费者的心理需求，优化商品标题、属性和详情页。 ②分析竞争对手的运营情况及市场最新动态，发掘新的商机或商品，研究平台类目及搜索引擎，提炼有用的信息，促进店铺经营。 ③利用网店各种自带软件，对店铺进行常规性的优化，研究店铺的统计数据，发掘隐藏问题并及时处理，每周整理工作汇报，报给上级。 2. 负责电商平台的内部营销。 ①有价流量的获取（直通车等）的日常优化，在平台论坛发帖顶帖，社群的建立与促销活动策划与实施。 ②店铺内部活动（增加成交转换率与客单价活动）的策划和实施。 ③交易平台促销活动（增加店铺信誉度及新顾客）的策划和实施。 3. 负责及时把控运营数据及推广效果并做出相应的调整。 ①每日的运营监控、数据分析：营销数据、交易数据、商品管理、顾客管理，根据数据分析、评估，及时做出运营改进措施。 ②每月对推广效果进行跟踪、评估，及时提出营销改进措施，给出切实可行的改进方案。	**一、任职要求** 1. 大学专科及以上学历。 2. 电子商务、市场营销等相关专业。 3. 熟练使用一般办公软件及通讯软件。 4. 有电商策划推广、运营管理经验者优先。 5. 知识与技能： ①熟悉电商的结构及运作，准确理解产品定位，具有一定的品牌建设能力。 ②较强的分析、判断能力，能根据市场的行情变化及时调整营销策略。 ③熟练掌握电子交易的操作，能按照公司的决策及时完成工作。 ④熟悉 B2B、B2C 等平台，懂得如何提高网站人气及关键词排名。 ⑤熟悉天猫京东等平台规则，熟悉新《广告法》。

续表

序号	岗位名称	岗位职责	任职要求及考核指标
1	电商运营专员	③负责所管辖店铺的日常管理工作，制订店铺的整体包装方案，跟踪、制作、把控、落实，以及制订店铺的运营方案。 4. 配合运营总监制订所管辖店铺的所有销售计划及销售目标。 ①负责所有线上活动和专题的策划，线上推广创意及效果优化；制订各类促销方案，实施并把控活动效果。 ②优化库存和产品线，并根据实际情况调动店铺的经营方向，调整产品库存、维护数据，及时跟踪和协调好线上、线下的产品实际库存数量。 5. 建立健全电商部统一、高效的组织体系和工作体系。 ①推动关键管理流程和规章制度，及时进行组织和流程的优化调整。 ②领导营造电商事业部团队文化氛围，塑造和强化成员的价值观。	**二、考核指标** 1. 销售收入、利润额、订单量、推广率、重要任务完成情况。 2. 预算控制、关键人员流失率、领导能力、判断与决策能力、人际能力、沟通能力、影响力、计划与执行能力、客户服务能力。

2. 网店运营主管岗位标准

序号	岗位名称	岗位职责	任职要求及考核指标
1	电商运营主管	**一、电商运营** (一)平台运营 1. 负责平台级别的活动规划、方案设计，各类频道、专题的选品及审核上线，能够根据季节、热点和节日等精选活动商品，对平台整体的流量效果负责。 2. 负责平台资源位的设计、挖掘和效能提升。 3. 精确设计和计算补贴政策，核算投入产出。 4. 通过数据统计、分析、挖掘，判断问题或潜在机会，深度挖掘顾客的潜在需求，设计和优化活动方案、增长策略。 5. 协调和利用内外部资源，推动增长策略落地，获得成果。 (二)店铺运营 1. 根据经营情况，制订月计划、季计划、年计划，预估推广渠道费用占比与 ROI 预计，制订销售目标，并实施。 2. 店铺优化，定期检查店铺主图、详情、首页、活动图、推广图、标题、卖点、文案等，提供一定优化建议。	**一、任职要求** 1. 大学专科及以上学历(部分企业要求本科及以上学历)，3～5 年工作经验。 2. 电子商务、市场营销、信息管理、工商管理等相关专业。 3. 具有务实、敬业、精益求精的工作作风，良好的逻辑思维能力及书面语言表达能力，较强的沟通、协调、组织、执行能力及创新精神和团队合作精神，确保工作顺利实施。 4. 具备敏锐的市场判断力、数据分析能力和信息分类能力。 5. 熟悉供应链、营销、商务等主要环节，有成功的产品操盘或运营管理经验。

续表

序号	岗位名称	岗位职责	任职要求及考核指标
1	电商运营主管	3. 运营优化,根据店铺流量、成交、单品分析等数据,对店铺运营做出调整与优化,提升店铺业绩。 4. 竞店竞品分析,定期分析竞店竞品数据,对市场环境保持敏感度。 5. 根据市场环境开发新品,规划产品线布局。 6. 电商资源挖掘与对接洽谈,包含且不限于直播达人、抖音、快手、小红书、MCN 机构、淘内达人内容等(自有资源优先考虑)。 7. 对接平台小二,根据小二要求提报平台活动与资源承接等。 8. 线上线下活动策划,活动方案制订,活动效果复盘等。 9. 品牌运营节奏把控复盘,根据品牌运营进展,定期复盘,根据投入情况与产出情况做运营优化,降低不必要运营成本、提高利润,促使品牌良好发展。 **二、运营推进与跟踪** 1. 根据公司营销目标,制订整体发展规划和年度计划。 2. 分析市场需求,依据公司的品牌和产品特点,做好产品的价格体系及推广方案。 3. 负责公司电商平台活动策划、活动提报、活动执行、效果分析等工作,定期针对推广效果进行跟踪、评估,并做好推广效果的统计分析报表。 4. 整合网络营销客户和渠道,开展各项合作,定期维护客户关系,促进互动与销售。 **三、营销推广** 1. 负责平台店铺的推广,提高店铺 PV、UV、ROI、销量。 2. 负责整体推广规划、营销、客户关系管理等系统经营性工作。 3. 根据业绩排名需求制订相应的月度、年度推广计划和推广预算。 4. 分析各项指标,提出可行性建设改进方案并执行。 5. 熟练运用推广工具:精准通,提升销量、点击率和浏览量,完成销售目标。	**二、考核指标** 1. 公司电子商务部规划各项目的进展程度及完成效果。 2. 网络推广信息扩散率。 3. 信息的到达率。 4. 推广的转化率。 5. 信息质量。 6. 流量的转化率。 7. 各流程运营效率。 8. 网络零售业绩。 9. 线上销售市场拓展。

续表

序号	岗位名称	岗位职责	任职要求及考核指标
1	电商运营主管	**四、运营规划** 1. 经营预算编制：根据财务年度经营预算，组织编制本部门年度经营预算，包括销售目标规划与分解、毛利率、净利率等指标目标分解，进行过程管理与监控，进行销售目标的管理与费用执行监控，保障经营目标达成。 2. 产品规划：根据渠道年度营销策略，结合平台动向及市场竞争情况，进行周期性产品线的复盘与调整，统筹品类产品规划，保障销售规模增长与经营质量提升。 3. 推广规划：根据渠道年度目标，制订本部门年度推广计划，包括营销活动促销计划、产品推广计划及费用预算等。 4. 渠道管理：根据年度渠道策略，制订本部门的渠道与拓展策略，包括拓展渠道的方向、开发客户的数量等，提升渠道竞争力，保障本部门销售额达成。 5. 部门制度体系优化：根据公司与部门发展目标，搭建并持续复盘、优化部门业务运营的管理流程与制度体系，提升组织专业能力与运营效率。 6. 负责团队管理及建设。	

附录 2
网店运营师傅选拔标准

学校指导师傅及企业师傅选拔标准及工作职责

一、学校指导师傅选拔标准

1. 热爱教育工作，具有良好的师德师风，以身作则，为人师表。

2. 工作认真负责，善于表达沟通、具备言传身教的能力，德才兼备。

3. 具备不少于 3 年的相关教学经历。

4. 获得中级及以上相关职业资格证书或师资证书。

二、学校指导师傅工作职责

1. 树立为教学服务、为学徒服务的思想，坚持把培养高素质、高技能、创新型的人才作为工作目标。

2. 不断提升自身的业务能力、技术水平和实习指导水平。

3. 负责对学徒进行学习目标、文明礼貌、岗位适应、安全生产等方面的教育，教育学徒遵守企业各项工作制度，培养学徒养成文明安全生产的习惯。

4. 指导学徒深化专业理论学习，耐心、及时解答学徒提出的问题。

5. 协助企业师傅做好学徒技能训练的指导和各技术环节的示范，使学徒尽快掌握实际操作技能。

6. 指导学徒认真地填写工作手册并经常检查。

7. 认真听取企业师傅的意见，对教学中存在的问题及时向学校领导汇报，并研究解决问题的方案，采取措施及时解决，不断提高教学质量。

8. 会同企业和第三方评价机构，组织实施对学徒的岗位评价考核，负责对学徒的实习鉴定。

9. 认真完成学校交办的其他各项工作任务。

企业师傅选拔标准及工作职责

一、企业师傅选拔标准

1. 有良好的职业道德，品行端正。
2. 工作技能优秀，善于表达沟通、责任心强、具备言传身教的能力。
3. 在工作岗位工作满5年或技能水平达到高级工及以上水平。
4. 有过成功带新员工经验者、评选为优秀员工者优先。

二、企业师傅工作职责

1. 认真地做好对学徒的日常考勤和管理，加强职业道德、劳动纪律和企业文化等方面教育，培养学徒文明、守纪的良好习惯。

2. 负责指导学徒熟悉工作环境和防护用具使用方法，提高学徒的自我保护能力，采取有效措施防止学徒在实习中受到伤害和发生安全事故。

3. 认真做好对学徒技能训练的指导和各技术环节的示范，使学徒尽快掌握实际操作技能，严格要求学徒，并经常进行提问、讲解与指导。

4. 认真听取学校和指导师傅的意见，及时解决实习指导中存在的问题，不断提高实习质量。

5. 督促学徒及时填写学徒工作手册，对学徒的工作小结填写评语并签名。

6. 实行学徒实习信息通报制度，定期向学校、学徒家长通报、交流学徒实习情况。

7. 配合学校和第三方评价机构，对学徒进行岗位评价考核。

8. 认真地完成企业领导交办的其他各项工作任务。

附录3
企业学徒选拔标准

企业学徒选拔标准

以“招工即招生、入企即入校、企校双师联合培养”为主要内容的企业新型学徒制，培养对象需：

1. 职业院校按照企业新型学徒制正规招生、录取。
2. 学徒按照培养方案完成在校期间相应课程、实践、综合素质培养，成绩合格。
3. 通过企业学徒岗位选拔，校、企、家、生四方达成一致培养意见。
4. 学徒与实施单位签订一年以上劳动合同（实施单位如为行业协会或园区的，培养对象应与行业协会会员单位或园区企业签订劳动合同）。

附录 4

网店运营岗位课程标准

网店运营岗位课程标准

课程名称	网店运营							共 11 页
适用区域	高职电子商务及相关专业学徒制学徒							
课程描述（职业岗位工作过程与能力要求）	“电商运营”课程是电子商务专业学徒的学徒岗位课。 定位于网店运营专员岗位，主要面向网店选品、视觉优化、网店客服等岗位群。 通过本学习领域的教学，使学徒了解网店运营的岗位职责与素质、网店运营的基本流程；完成数据选品、营销活动设置、日常订单管理、首页设计与制作、详情页设计与制作、客户问题处理、交易促成以及客户关系维护等工作任务，具备网店运营的操作能力。 在培训组织形式上，理论结合实战训练，力求做到理论与实践相结合，将知识传授、职业能力培养有机结合起来，巩固和加强对知识的理解，并学以致用。							
先修课程与预备知识技能	“电商运营”与“消费心理学”“商品学”“企业管理”“市场营销”等学科联系紧密，可以为以后学习其他分支经济学和后续课程打下良好的基础。							
相关职业资格	电子商务相关职业认证							
教学时间要求	第二学期或者第三学期							
教学时数	总学时	120	讲授		理实一体化项目教学		顶岗实习其他生产实践	120

续表

教学目标	**思政目标：** 1. 网店调研与定位：通过了解网店运营相关的法律环境、平台规则等，培养学徒的法律意识，另一方面，通过网店市场调研，了解家乡特色产品的市场竞争情况，引导学徒思考家乡特色产品，通过网络树立品牌、打开销路，从意识、思维到行动关注家乡的乡村振兴战略。 2. 网店产品规划：培养学徒关注行业前沿，熟悉互联网大数据工具的选品方法，培养学徒持续学习、谨记网络安全的职业素养。 3. 网店视觉优化：通过网店视觉优化任务，挖掘中国特色美学元素，引导学徒了解和热爱中国传统文化，培养学徒民族自豪感和视觉设计表达能力。 4. 网店日常运营管理：通过网店日常运营管理任务，结合优秀店铺、企业案例，重点培养学徒标准意识、严谨的工作态度和责任意识。 5. 营销活动管理：熟悉电商生态与商业文明现状，熟知平台运营的相关法律、规则，倡导健康、诚信、服务社会的理念，加强职业素质教育。 6. 客服培训与管理：通过售前、售中、售后等不同环节任务，引导学徒主动解决问题，通过对于不同领域、不同职业、地域人群的客户服务案例，分析不同人群文化对消费行为的影响，进一步让学徒了解服务客户、诚信经商的重要意义。 7. 网店运营主管孵化：从店铺运营与管理角度，进一步延伸创新创业对市场环境和国家发展的重要性，以及大数据、消费变革给社会、消费者带来的变化，提升学徒幸福感和责任感。 **知识目标：** 1. 网店调研与定位：了解网店调研与预测的方法；熟悉电子商务法律法规、国内主要第三方电商平台的平台规则；了解网店定位原则。 2. 网店产品规划：了解网店产品的规划方法和选品技巧；了解电商选品和品控的管理规范；了解数据选品步骤；了解供应商洽谈方法。 3. 网店视觉优化：了解首页的框架布局原则；了解主图、详情页构成；熟悉主图、详情页设计方法；熟悉视觉设计的构成要素。 4. 网店日常运营管理：了解网店运营的数据指标；了解网店数据采集、分析方法；了解网店商品管理、订单处理、物流管理等流程。 5. 营销活动管理：了解电商平台的活动计划；了解平台活动的参与条件与流程。 6. 网店客户服务：了解客服常用的服务规范；了解订单交易的流程；熟悉订单催付的原则与方式；了解售前、售中、售后问题类型和常见处理技巧；熟悉客户信息收集与管理的方法。 7. 网店运营主管孵化：了解网店运营主管的岗位职责及工作内容；掌握网店运营主管的工作规划方法，掌握网店运营主管的作业化管理重点。 **职业能力目标：** 1. 网店调研与定位：能够完成网店调研与预测；完成网店定位分析与优化。 2. 网店产品规划：能够根据电商运营场景进行选品；能够对选品进行质检和合规检查；能够进行简单的供应商沟通。 3. 网店视觉优化：能够分析店铺的视觉风格定位；能够进行首页分析与优化；能够完成商品主图及主图视频、详情页设计、制作与测试。 4. 网店日常运营管理：能够完成日常店铺的数据巡查、分析与处理；能够完成网店日常的商品管理、订单处理、物流管理等操作。 5. 营销活动管理：能够进行店铺客户分组，设置平台营销工具。 6. 网店客户服务：能够根据客户需要进行售前、售中、售后服务；能整理分析客户服务数据，预测客户可能关心的商品、活动等问题。 7. 网店运营主管孵化：能够编写网店运营主管工作规划，对店铺进行作业化管理。

续表

	任务内容	学时数				
		合计	课堂	理实一体项目教学	技能训练	
学时分配表	任务一、网店调研与定位	12			12	
	任务二、网店产品规划	8			8	
	任务三、网店视觉优化	28			28	
	任务四、网店日常运营管理	20			20	
	任务五、营销活动管理	12			12	
	任务六、网店客户服务	20			20	
	任务七、网店运营主管孵化	20			20	
	合计	**120**			**120**	

单元教学内容要求与教学组织	教学场所及条件
任务 1:网店调研与定位 **思政目标:** 一方面,通过了解网店运营相关的法律环境、平台规则等,培养学徒的法律意识;另一方面,通过网店市场调研,了解家乡特色产品的市场竞争情况,引导学徒思考家乡特色产品通过网络树立品牌、打开销路,从意识、思维到行动关注家乡的乡村振兴战略。 **知识目标:** 1. 了解网店调研与预测方法; 2. 熟悉电子商务法律法规、国内主要第三方电商平台的平台规则; 3. 了解网店定位原则。 **职业能力目标:** 1. 能够完成网店调研与预测; 2. 完成网店定位分析与优化。 **教学内容:** 一、岗位认知 1. 岗位职责 2. 岗位工作内容和流程 3. 课程考核 二、基础内容 1. 电商运营相关的法律规范; 2. 常见电商平台的优势、特点及平台规则; 3. 网店调研与预测方法。 三、网店调研与定位实训 开展网店线上线下综合调研,有意向的同学在第三方平台进行网店分析与定位任务。 【学徒岗位活动设计】 1. 岗位认知 (1)网店运营岗位职责、能力要求; (2)学徒提前思考职业生涯发展。	教学场所: 1. 学徒企业 学习资源: 1. 企业资源 2. 网络资源 3. 网络教学平台

续表

2. 任务驱动 (1)通过师傅讲授、案例分析和微视频等方式了解网店调研与定位的基础知识； (2)学徒思考，制订岗位学习计划和技能重点学习方向； (3)师傅与学徒“一对一”细化学习方案； (4)完成网店调研与定位任务。 推荐学习方法： 案例法、项目驱动法、自学等。 建议学时：12 学时，约 4 天完成。 【教学成果产出】 1. 网店运营学徒岗位学习计划、学习方案。 2. 完成网店调研与定位。	
任务 2：数据选品实务 **思政目标：** 通过以家乡特色产品为主题的选品任务，让学徒在选品过程中，增强对家乡特产的熟悉度和自豪感，培养学徒产品价值思维，向上延伸价值挖掘；培养学徒关注行业前沿，熟悉互联网大数据工具的选品方法，培养学徒持续学习、谨记网络安全的职业素养。 **知识目标：** 1. 了解网店的选品技巧； 2. 了解网店选品和品控的管理规范； 3. 了解数据选品的步骤； 4. 了解供应商洽谈方法。 **职业能力目标：** 1. 能够根据电商运营场景进行选品； 2. 能够对选品进行质检和合规检查； 3. 能够进行简单的供应商沟通。 【教学内容】 一、案例学习 1. 教材、网络教学平台微视频案例学习； 2. 搜索企业官网产品和电商营销选品案例自学。 二、基础知识 1. 网店选品技巧； 2. 网店选品和品控的管理规范； 3. 数据选品步骤； 4. 供应商洽谈方法。 三、数据选品实训 1. 选品调研与预测； 2. 确定品类、平台； 3. 选品质检合规检查； 4. 供应商洽谈； 5. 确定选品。 【学徒岗位活动设计】 1. 岗位能力准备 教材、网络教学平台、微视频案例，学习网店产品规划和数据选品基础知识。	教学场所： 1. 学徒企业 学习资源： 1. 企业资源 2. 网络资源 3. 网络教学平台

续表

2. 任务驱动 (1)师傅布置任务； (2)学徒复述任务要求和要点； (3)师傅提问学徒基础理论； (4)师傅演示，学徒操作； (5)师傅考评、初筛、复盘。 推荐学习方法： 案例法、项目驱动法、自学等。 建议学时：8 学时，约 3 天完成。 【教学成果产出】 1. 知识测试：产品层次、选品步骤、选品技巧等。 2. 完成数据选品。	
任务 3：网店视觉优化 **思政目标：** 通过网店视觉优化任务，挖掘中国特色美学元素，引导学徒了解和热爱中国传统文化，培养学徒民族自豪感和视觉设计表达能力。 **知识目标：** 1. 了解首页的框架布局； 2. 了解主图、详情页构成； 3. 熟悉主图、详情页设计方法；熟悉视觉设计的构成要素。 **职业能力目标：** 1. 能够分析店铺的视觉风格定位； 2. 能够进行首页分析与优化； 3. 能够完成商品主图及主图视频、详情页设计、制作与测试。 【教学内容】 一、案例学习 1. 教材、网络教学平台微视频案例学习； 2. 搜索优秀网店视觉优化案例自学。 二、基础知识 1. 首页的框架布局、元素； 2. 网店视觉设计定位； 3. 商品主图、详情页构成； 4. 详情页文案设计。 三、网店视觉优化实训 1. 完成首页分析与优化； 2. 完成主图及主图视频设计、制作与测试； 3. 完成详情页设计、制作与测试； 4. 店铺装修优化。 【学徒岗位活动设计】 1. 岗位能力准备 教材、网络教学平台、微视频案例，学习网店视觉优化基础知识。 2. 任务驱动 (1)师傅布置任务； (2)学徒复述任务要求和要点；	教学场所： 1. 学徒企业 学习资源： 1. 企业资源 2. 网络资源 3. 网络教学平台

续表

(3)师傅提问学徒基础理论; (4)师傅演示,学徒操作; (5)师傅考评、初筛、复盘。 推荐学习方法: 案例法、项目驱动法、自学等。 建议学时:28 学时,约 10 天完成。 【教学成果产出】 1. 知识测试:网店视觉优化、功能设置、布局基础知识等。 2. 完成网店视觉优化。	
任务 4:网店日常运营管理 **思政目标:** 通过网店日常运营管理任务,结合优秀店铺、企业案例,重点培养学徒标准意识、严谨的工作态度和责任意识。 **知识目标:** 1. 了解网店运营的数据指标; 2. 了解网店数据采集、分析方法; 3. 了解网店商品管理、订单处理、物流管理等流程。 4. 熟悉商品发布的主要内容; 5. 熟悉商品优化的方法; 6. 掌握商品标题撰写及优化的技巧; 7. 掌握商品类目优化的方法; **职业能力目标:** 1. 能够完成日常店铺数据巡查、分析与处理; 2. 能够完成网店日常商品管理、订单处理、物流管理等操作。 【教学内容】 一、案例学习 1. 教材、网络教学平台微视频案例学习; 2. 搜索行业内评价较好的网店案例自学。 二、基础知识 1. 店铺运营基本数据指标; 2. 店铺巡查与分析; 3. 店铺商品管理; 4. 店铺订单处理; 5. 店铺物流管理等。 【学徒岗位活动设计】 1. 岗位能力准备 教材、网络教学平台、微视频案例,学习网店运营基础知识。 2. 任务驱动 (1)师傅布置任务; (2)学徒复述任务要求和要点; (3)师傅提问学徒基础理论; (4)师傅演示,学徒操作; (5)师傅考评、初筛、复盘。	教学场所: 1. 学徒企业 学习资源: 1. 企业资源 2. 网络资源 3. 网络教学平台

续表

推荐学习方法： 案例法、项目驱动法、自学等。 建议学时：28 学时，约 10 天完成。 【教学成果产出】 1. 知识测试：商品发布、活动设置、日常运营等基础知识。 2. 完成网店基础运营操作。	
任务 5：营销活动管理 **思政目标：** 熟悉电商生态与商业文明现状，熟知平台运营的相关法律、规则，倡导健康、诚信、服务社会的理念，加强职业素质教育。 **知识目标：** 1. 了解电商平台的活动计划； 2. 了解平台活动的参与条件与流程。 **职业能力目标：** 能够进行店铺客户分组，设置平台营销工具。 【教学内容】 一、案例学习 1. 教材、网络教学平台微视频案例学习； 2. 搜索网店平台活动典型案例自学，例如新疆棉被双十一热销。 二、基础知识 1. 淘宝平台官方活动：聚划算、淘金币、天天特价等； 2. 其他平台活动及站外活动。 三、活动运营实训 1. 整理平台官方活动； 2. 整理平台活动参与条件及要求； 3. 分析不同平台大促活动特点； 4. 根据店铺实际情况，设置平台营销工具。 【学徒岗位活动设计】 1. 岗位能力准备 教材、网络教学平台、微视频案例，学习营销活动管理基础知识。 2. 任务驱动 (1)师傅布置任务； (2)学徒复述任务要求和要点； (3)师傅提问学徒基础理论； (4)师傅演示，学徒操作； (5)师傅考评、初筛、复盘。 推荐学习方法： 案例法、项目驱动法、自学等。 建议学时：12 学时，约 4 天完成。 【教学成果产出】 1. 知识测试：平台活动、活动运营等。 2. 平台活动参与分析。	教学场所： 1. 学徒企业 学习资源： 1. 企业资源 2. 网络资源 3. 网络教学平台

续表

任务 6：网店客户服务 **思政目标：** 通过售前、售中、售后等不同环节任务，引导学徒主动解决问题的意识，通过对于不同领域、不同职业、地域人群的客户服务案例，分析不同人群文化对消费行为的影响，进一步让学徒了解服务客户、诚信经商的重要意义。 **知识目标：** 1. 了解客服常用的服务规范； 2. 了解订单交易的流程； 3. 熟悉订单催付的原则与方式； 4. 了解售前、售中、售后问题类型和常见处理技巧； 5. 熟悉客户信息收集与管理的方法。 **职业能力目标：** 1. 能够根据客户需要进行售前、售中、售后服务； 2. 能整理分析客户服务数据，预测客户可能关心的商品、活动等问题； 【教学内容】 一、案例学习 1. 教材、网络教学平台微视频案例学习 2. 搜索优秀网店视觉优化案例自学 二、基础知识 1. 客服常用的服务规范； 2. 订单交易的流程； 3. 订单催付的原则与方式； 4. 售前、售中、售后问题类型和常见处理技巧； 5. 客户信息收集与管理的方法。 三、网店客户服务实训 网店运营客户服务实操 【学徒岗位活动设计】 1. 岗位能力准备 (1)教材、网络教学平台微视频案例学习网店客服基础知识 2. 任务驱动 (1)师傅布置任务 (2)学徒复述任务要求和要点 (3)师傅提问学徒基础理论 (4)师傅演示，学徒操作 (5)师傅考评、初筛、复盘 推荐学习方法： 案例法、项目驱动法、自学等。 建议学时：20 学时，约 7 天完成。 【教学成果产出】 1. 知识测试：网店客服、客户关系管理基础知识等。 2. 完成网店客户服务实训。	教学场所： 1. 学徒企业 学习资源： 1. 企业资源 2. 网络资源 3. 网络教学平台

续表

<table>
<tr><td colspan="2">任务 7：网店运营主管孵化
思政目标：
从店铺运营分析，进一步延伸创新创业对市场环境和国家发展的重要性，以及大数据、消费变革给社会、消费者带来的变化，提升学徒幸福感和责任感。
知识目标：
1. 了解网店运营主管的岗位职责及工作内容；
2. 掌握网店运营主管的工作规划方法；
3. 掌握网店运营主管的作业化管理重点。
职业能力目标：
1. 能够编写网店运营主管工作规划；
2. 对店铺进行作业化管理。
【教学内容】
一、案例学习
1. 教材、网络教学平台微视频案例学习
二、基础知识
1. 网店运营主管职务说明书；
2. 工作分析调研方法；
3. 网店运营主管工作规划；
4. 作业管理。
三、网店运营主管孵化实训
1. 编写《网店运营主管职务说明书》；
2. 编写《网店运营主管工作规划》；
3. 编写《网店运营主管作业化管理重点分析报告》。
【学徒岗位活动设计】
1. 岗位能力准备
(1)教材、网络教学平台微视频案例学习网店运营主管孵化基础知识
2. 任务驱动
(1)师傅布置任务
(2)学徒复述任务要求和要点
(3)师傅提问学徒基础理论
(4)师傅演示，学徒操作
(5)师傅考评、复盘
推荐学习方法：
案例法、项目驱动法、自学等。
建议学时：20 学时，约 7 天完成。
【教学成果产出】
1. 知识测试：电子商务数据分析基础指标、分析报告撰写基础知识等。
2. 网店运营主管相关报告。</td><td>教学场所：
1. 学徒企业
学习资源：
1. 企业资源
2. 网络资源
3. 网络教学平台</td></tr>
<tr><td>课程教学条件</td><td colspan="2">【师资】
1. 较丰富的专业知识、熟悉课程相关的学科前沿发展；
2. 实践操作技能熟练；
3. 语言表达能力强，善于与学徒沟通；
4. 对交叉学科的知识有一定了解。</td></tr>
</table>

续表

课程教学条件	【实训条件】 学徒企业或满足岗位操作的实训环境。 【教学资源】 标准化教学文件(含课程标准、教学计划、技能考核标准、课程任务教案、师傅手册) 学习指南(含教学进度安排、各单元重点难点、学徒手册) 学习内容(含全部教学内容) 实训指导(含单项技能、岗位能力等) 教学课件(含全部教学课件) 教学资源(含图片库、视频库、动画库、知识库、电教片、网络资源等)
教学建议	教学方法的选择应体现学徒为主体,师傅为主导的思想,在教学过程中真正实现"教、学、做"一体化。在教学过程中应注意激发学徒的学习兴趣,调动学徒的学习积极性,同时要注重培养学徒的自学能力。 本课程是一门操作性、实践性较强的课程,采用部分翻转课堂的方式,为学徒提供丰富的课前、课外学习资源。本课程课堂主要采用以下教学方法: (1)项目教学法:是师生通过共同实施一个完整的项目而进行的教学活动,既是一种方法,更是一种方案。通过布置项目任务,在完成项目的过程中,突出了学徒的主体地位,强化了学徒相关知识综合运用的能力,提高了学徒分析问题和解决问题的能力。 (2)启发式教学法:通过设置问题、分析问题来引导学徒积极思考,培养学徒的思维能力和分析问题、解决问题的能力。 (3)引导文教学法:引导文法的核心是提出引导问题。通过核心问题的引导,学徒学会自己分析引导文所给出的重要信息,自己制订工作计划并付诸实施。 (4)任务驱动式教学法:主要应用于日常课堂教学中。师傅的教学与学徒的学习都围绕一个目标,基于工作任务,在强烈的问题动机下,通过对学习资源的积极主动运用,学徒进行自主探索和互相协作学习,培养学徒自主学习的能力。 (5)视频教学法:充分利用丰富的网络资源,为学徒播放一些好的视频教程,不仅可以培养学徒的自学能力,开阔学徒的视野,同时也是对教学内容的极大丰富和补充。 (6)讨论式教学法:由师傅提出问题,学徒自由讨论,最后根据讨论结果进行总结归纳。在师傅的指导下,学徒各抒己见,互相切磋,充分发挥学习的主动性和积极性,这样不仅培养了学徒的组织表达能力和解决问题的能力,也大大提高了学徒的综合素质。
考核评价目标要求	1. 思政目标要求: (1)热爱祖国,坚定拥护中国共产党和我国社会主义制度,具有正确的世界观、人生观、价值观。 (2)遵法守纪、尚德向善、诚实守信、热爱劳动,履行道德准则和行为规范,具有社会责任感和社会参与意识。 (3)具备正确的国家观、民族观、历史观、文化观、宗教观,维护民族团结,具有深厚的爱国情感和中国民族自豪感。 2. 知识水平与技能与专项能力要求: 鉴于本课程是一门专业课,要求学徒在学完本课程后,能够牢固地掌握本课程的基本知识、理论、运行规律,并具有应用所学知识和理论分析、解决实际问题的能力以及掌握相关的方法和技巧。据此,本课程终结性考试着重基本知识的考查、分析理解能力和实际操作的考查两个方面,在各单元的考试要求中,有关基本概念、基本理论和基本运行规律的内容按"了解、一般掌握、重点掌握、运用"四个层次要求。 考试考核采取灵活多样的方式方法,根据教学效果和学徒的具体接受能力,在考试考核的内容上注重考查学徒对基本理论的理解能力和实际运用能力。

续表

考核评价目标要求	建议使用基本理论测试+岗位操作能力(职业资格证书、职业技能大赛)+综合素质的多维度考核。 3. 职业素质要求:具备商业职业道德和互联网安全意识;具备团队协作与独立工作的素质;具备较好的市场洞察力和分析能力等。
选用教材	由于第三方平台网店运营流程和规则会随着市场变化,故目前建议采用操作性较强的教材、教学参考书与视频教程相结合的形式开展教学。
学习资源	1. 企业岗位学习资料 2. 学校网络课程学习平台 3. 开放学习资源等

附录 5

网店运营岗位课程考核标准

网店运营岗位课程考核标准

课程名称	网店运营		
课程类型	学徒岗位课	标准审核人	
学习对象	高职电子商务及相关专业学徒制学徒	计划学时	120
课程教学目标(与课标相同一致)	**思政目标:** 1. 网店调研与定位:通过了解网店运营相关的法律环境、平台规则等,培养学徒的法律意识,另一方面,通过网店市场调研,了解家乡特色产品的市场竞争情况,引导学徒思考家乡特色产品通过网络树立品牌、打开销路,从意识、思维到行动关注家乡的乡村振兴战略。 2. 网店产品规划:培养学徒关注行业前沿,熟悉互联网大数据工具的选品方法,培养学徒持续学习、谨记网络安全的职业素养。 3. 网店视觉优化:通过网店视觉优化任务,挖掘中国特色美学元素,引导学徒了解和热爱中国传统文化,培养学徒民族自豪感和视觉设计表达能力。 4. 网店日常运营管理:通过网店日常运营管理任务,结合优秀店铺、企业案例,重点培养学徒标准意识、严谨的工作态度和责任意识。 5. 营销活动管理:熟悉电商生态与商业文明现状,熟知平台运营的相关法律、规则,倡导健康、诚信、服务社会的理念,加强职业素质教育。 6. 客服培训与管理:通过售前、售中、售后等不同环节任务,引导学徒主动解决问题的意识,通过对于不同领域、不同职业、地域人群的客户服务案例,分析不同人群文化对消费行为的影响,进一步让学徒了解服务客户、诚信经商的重要意义。 7. 网店运营主管孵化:从店铺运营与管理角度,进一步延伸创新创业对市场环境和国家发展的重要,以及大数据、消费变革给社会、消费者带来的变化,提升学徒幸福感和责任感。 **知识目标:** 1. 网店调研与定位:了解网店调研与预测的方法;熟悉电子商务法律法规、国内主要第三方电商平台的平台规则;了解网店定位原则。 2. 网店产品规划:了解网店产品的规划方法和选品技巧;了解电商选品和品控的管理规范;了解数据选品步骤;了解供应商洽谈方法。		

续表

课程教学目标(与课标相同一致)	3. 网店视觉优化:了解首页的框架布局原则;了解主图、详情页构成;熟悉主图、详情页设计方法;熟悉视觉设计的构成要素。 4. 网店日常运营管理:了解网店运营的数据指标;了解网店数据采集、分析方法;了解网店商品管理、订单处理、物流管理等流程。 5. 营销活动管理:了解电商平台的活动计划;了解平台活动的参与条件与流程。 6. 网店客户服务:了解客服常用的服务规范;了解订单交易的流程;熟悉订单催付的原则与方式;了解售前、售中、售后问题类型和常见处理技巧;熟悉客户信息收集与管理的方法。 7. 网店运营主管孵化:了解网店运营主管的岗位职责及工作内容;掌握网店运营土管的工作规划方法,掌握网店运营主管的作业化管理重点。 **职业能力目标:** 1. 网店调研与定位:能够完成网店调研与预测;完成网店定位分析与优化。 2. 网店产品规划:能够根据电商运营场景进行选品;能够对选品进行质检和合规检查;能够进行简单的供应商沟通。 3. 网店视觉优化:能够分析店铺的视觉风格定位;能够进行首页分析与优化;能够完成商品主图及主图视频、详情页设计、制作与测试。 4. 网店日常运营管理:能够完成日常店铺的数据巡查、分析与处理;能够完成网店日常的商品管理、订单处理、物流管理等操作。 5. 营销活动管理:能够进行店铺客户分组,设置平台营销工具。 6. 网店客户服务:能够根据客户需要进行售前、售中、售后服务;能整理分析客户服务数据,预测客户可能关心的商品、活动等问题。 7. 网店运营主管孵化:能够编写网店运营主管工作规划,对店铺进行作业化管理。
教学组织活动设计类型	理实一体化或全程项目化教学 □ 理论+实践(相对分离) □ 以理论学习为主 □ 以实践操作为主 □ 其他 □
考核评价模式设计	基本理论测试+岗位操作能力(职业资格证书、职业技能大赛)+综合素质 注:1. 根据课程性质和以学徒为中心教学改革需要,选择其中若干项组成本课程考核评价模式。 2. 出勤率少于80%可以规定不能参加综合考试。
知识理论应知应会及知识应用教学目标	1. 网店调研与定位:了解网店调研与预测的方法;熟悉电子商务法律法规、国内主要第三方电商平台的平台规则;了解网店定位原则。 2. 网店产品规划:了解网店产品的规划方法和选品技巧;了解电商选品和品控的管理规范;了解数据选品步骤;了解供应商洽谈方法。 3. 网店视觉优化:了解首页的框架布局原则;了解主图、详情页构成;熟悉主图、详情页设计方法;熟悉视觉设计的构成要素。 4. 网店日常运营管理:了解网店运营的数据指标;了解网店数据采集、分析方法;了解网店商品管理、订单处理、物流管理等流程。 5. 营销活动管理:了解电商平台的活动计划;了解平台活动的参与条件与流程。 6. 网店客户服务:了解客服常用的服务规范;了解订单交易的流程;熟悉订单催付的原则与方式;了解售前、售中、售后问题类型和常见处理技巧;熟悉客户信息收集与管理的方法。 7. 网店运营主管孵化:了解网店运营主管的岗位职责及工作内容;掌握网店运营主管的工作规划方法,掌握网店运营主管的作业化管理重点。

续表

课程技能训练项目	1. 网店调研与定位:能够完成网店调研与预测;完成网店定位分析与优化。 2. 网店产品规划:能够根据电商运营场景进行选品;能够对选品进行质检和合规检查;能够进行简单的供应商沟通。 3. 网店视觉优化:能够分析店铺的视觉风格定位;能够进行首页分析与优化;能够完成商品主图及主图视频、详情页设计、制作与测试。 4. 网店日常运营管理:能够完成日常店铺的数据巡查、分析与处理;能够完成网店日常的商品管理、订单处理、物流管理等操作。 5. 营销活动管理:能够进行店铺客户分组,设置平台营销工具。 6. 网店客户服务:能够根据客户需要进行售前、售中、售后服务;能整理分析客户服务数据,预测客户可能关心的商品、活动等问题。 7. 网店运营主管孵化:能够编写网店运营主管工作规划,对店铺进行作业化管理。
专项能力训练目标	1. 网店调研与定位:网店调研与预测能力。 2. 网店产品规划:大数据选品能力。 3. 网店视觉优化:首页、主图、详情页等视觉设计、制作能力。 4. 网店日常运营管理:运营数据分析能力;店铺商品、订单、物流等运营操作能力。 5. 营销活动管理:店铺营销工具设置能力。 6. 网店客户服务:售前、售后客户服务能力。 7. 网店运营主管孵化:网店工作规划、作业管理能力。
主要项目的考核评价标准	1. 技能与鉴定标准(与专业技能与鉴定标准一致,技能训练数量应多于人才培养方案); 2. 专项能力考核项目与标准; 3. 职业素质能力水平评价标准。

课程技能与专项能力、鉴定标准

序号	专业核心能力名称	内涵内容描述	基本要素	要求达到的标准（技能技术标准）	考核评价标准	培养主要途径
1	网店调研与定位	以家乡特色产品网店为对象，完成店铺定位	知识	1. 概念：网店调研与预测、网店定位； 2. 知识点：电子商务法律法规、网店调研方法、分析方法、定位原则； 3. 应用：网店调研与定位基础操作。	概念及相关埋论随课程训练进行测试	网络课程资源＋学徒岗位培训
			职业能力	了解常见电商平台优劣势、法律规范，完成网店定位优化。	第三方电商平台网店调研与定位	学徒岗位实习
			思政	1. 培养法律意识； 2. 培养学徒标准意识和严谨的工作态度。	内容及过程体现	学徒岗位实习
2	数据选品实务	以家乡农特产品为例，进行网店数据选品	知识	1. 概念：产品层次、产品生命周期（巩固）。 2. 知识点：网店选品技巧；网店选品和品控的管理规范；数据选品的步骤；供应商洽谈方法； 3. 应用：使用数据工具完成选品。	概念及相关理论随课程训练进行测试	网络课程资源＋学徒岗位培训
			职业能力	1. 能够根据电商运营场景进行选品。 2. 能够对选品进行质检和合规检查。 3. 能够进行简单的供应商沟通。	能够完成数据选品	学徒岗位实习
			思政	通过以家乡特色产品为主题的选品任务，让学徒在选品过程中，增强对家乡特产的熟悉度和自豪感，培养学徒产品价值思维，向上延伸价值挖掘。	内容体现	学徒岗位实习

续表

序号	专业核心能力名称	内涵内容描述	基本要素	要求达到的标准（技能技术标准）	考核评价标准	培养主要途径
3	网店视觉优化操作	为家乡特色产品挖掘卖点，融入中华特色文化，完成网店视觉优化	知识	1. 概念：首页、主图、详情页等概念。 2. 知识点：首页的构架布局、店标、详情页、宣传页的设计要素； 3. 应用：网店装修。	概念及相关理论随课程训练进行测试	网络课程资源＋学徒岗位培训
			职业能力	1. 能够对店铺装修进行风格定位； 2. 能够完成主图设计、制作和测试； 3. 能够完成详情页设计、制作和测试。	能够完成网店装修操作。	学徒岗位实习
			思政	1. 网店装修与中国优秀文化内核相结合。 2. 建立和而不同的团队文化。	内容体现，团队合作完成项目	学徒岗位实习
4	网店日常运营管理	通过网店运营的整体、全局意识；根据每一环节的规则，还原市场规则，倡导诚信经营，增加网店权重	知识	1. 概念：网店商品管理、订单管理等概念； 2. 知识点：商品、订单、营销等系统管理； 3. 应用：网店运营基本操作。	概念及相关理论随课程训练进行测试	网络课程资源＋学徒岗位培训
			职业能力	能够进行网店运营的操作流程。	网店运营基础操作达标	学徒岗位实习
			思政	1. 分享优秀店铺案例，强化学徒的情感与自豪； 2. 培养学徒标准意识和严谨的工作态度。	运营推广策略中内容体现	学徒岗位实习
5	活动运营	为家乡特色产品店铺选择平台合适的活动	知识	1. 概念：平台活动。 2. 知识点：电商平台的活动计划、平台活动的参与条件与流程。 3. 应用：平台活动的分析与参与。	概念及相关理论随课程训练进行测试	网络课程资源＋学徒岗位培训
			职业能力	1. 掌握不同平台官方活动和平台大促活动的规则。 2. 掌握平台活动的参与方式。	能够完成平台活动分析，熟悉活动操作	学徒岗位实习
			思政	熟悉电商生态与商业文明现状，熟知平台运营的相关法律、规则，倡导健康、诚信、服务社会的理念，加强职业素质教育。	内容体现，团队合作完成项目	学徒岗位实习

续表

序号	专业核心能力名称	内涵内容描述	基本要素	要求达到的标准（技能技术标准）	考核评价标准	培养主要途径
6	网店客户服务技能	以家乡农特产品为例，进行网店客户服务	知识	1. 概念：售前、售中、售后客服概念。 2. 知识点：客服服务规范、处理技巧和管理方法。 3. 应用：售前、售中、售后常见问题处理。	概念及相关理论随课程训练进行测试	网络课程资源+学徒岗位培训
			职业能力	1. 能够独立进行客户服务； 2. 能独立完成商品问题场景训练。	能够完成网店客户服务	学徒岗位实习
			思政	1. 培养学徒责任担当、解决问题的意识； 2. 引导提升消费者和社会幸福感的运营思考。	内容体现	学徒岗位实习
7	网店运营主管孵化	根据网店日常的数据，分析作业化管理重点	知识	1. 概念：作业管理、数据分析指标体系概念。 2. 知识点：网店运营主管职务说明书、工作分析的调研方法。 3. 应用：编写“网店运营主管职务说明书”。	概念及相关理论随课程训练进行测试	网络课程资源+学徒岗位培训
			职业能力	1. 能够编写“网店运营主管工作规划”。 2. 对店铺进行作业化管理。	能够完成网店运营主管相关报告撰写	学徒岗位实习
			思政	1. 渗透社会主义核心价值观； 2. 践行严谨、认真的工作态度。	内容体现	学徒岗位实习

职业素质能力(思政)水平评价标准

项目	正表象	负表象	评价标准
职业品质	吃苦耐劳、任劳任怨、责任担当	偷懒、推诿、不担当	不能高标准完成任务
职业道德	遵守行规、诚实守信、职业形象	不遵守纪律、撒谎、随便	迟到、夸大效果、虚假宣传、着装与行为不符合商务礼仪
团队协作	小组学习、发言及个人意见表达	落单、不关心团队	无法加入团队,团队无法完成任务
学习能力	主动学习、学习有计划性、自主学习、能综合分析形成自己的意见	等靠要、不思考	不能积极发言、主动完成任务
社会能力	善于沟通、交流,能获得预期资讯信息	被动、不找资讯	不能主动表达,不代表团队汇报
创新能力	有创新思维意识,经常有新点子和建议	不思考	抄袭或不完成任务
信息化能力	使用信息技术获得学习资讯	不会使用互联网手段	不会用浏览器,不知道专业资源、信息平台或公众号等
心理健康	性格阳光、能有效疏解各种压力	阴郁、脆弱	长期情绪不良
管理能力	适应组织管理环境,能准确角色定位	不能找到团队角色	无法适应团队分工
社会责任	环保、同情弱势、关注时政	浪费、霸凌、冷漠	浪费纸张等、攻击同学、从不了解时政